[史上超强杂学书]

冷知识

三上工作室◎著

時代文藝出版社

图书在版编目（CIP）数据

冷知识 / 三上工作室著．—长春：时代文艺出版社，2011.7

ISBN 978-7-5387-3684-7

Ⅰ.①冷…　Ⅱ.①三…　Ⅲ.①科学知识—普及读物　Ⅳ.①Z228

中国版本图书馆 CIP 数据核字(2011)第 130770 号

出品人　陈　琛

责任编辑　王默涵

冷知识

三上工作室 著

出版发行 / 吉林出版集团　时代文艺出版社

地址 / 长春市泰来街 1825 号　时代文艺出版社　邮编 /130011

总编办 /0431-86012927　发行科 /0431-86012939

网址 /www.shidaichina.com

印刷 / 三河市祥达印装厂

开本 /700mm × 990mm　1/16 开　240 千字　15 印张

版次 /2011 年 7 月第 1 版　印次 /2011 年 7 月第 1 次印刷　定价 /26.00 元

图书如有印装错识　请寄回印厂调换

前言

QIAN YAN

“冷知识”一度被人称为“笨蛋问题”,因为所有的问题都很细小、轻微,有时还显得愚蠢,甚至“无聊”。可是,就是这些“小”问题,可以难倒那些以聪明自居的人。我们可以看到的是,在这些小问题面前,那些以解决“大事”为己任的人总会手足无措、目瞪口呆。

许多人穷极一生,都奔波操劳于“大事”上,而对身边的许多细节问题,却懵然无知。他们习惯于以不拘小节来自我开脱,但并不能掩盖他们知识结构的缺陷问题。他们犯下各种低级错误,使我们不能不对他们的生活能力和生活品质持怀疑态度。

事实是,知识没有大小之分。有时也正是对小问题的关注和探究形成了大问题,从而改变了人类的历史进程。

苹果从树上掉落在地上,如果没有牛顿的发问,万有引力定律可能不会这么快被发现,正是牛顿对这一生活细节的不断拷问,打开了近代物理学的科学之门。

而这些小问题或冷知识,仅仅是一些常识。偏离常识导致的生活和历史悲剧可谓不胜枚举。因此，强调和普及常识是多么重要的一件事啊！尤其是生活中的一些冷僻的问题。表面看起来，它们显得无足轻重，许多人在遇到这些常识性的“小”问题时，往往采取“跳”过去的态度，这显然是无助于问题的解决的。长此以往，累积相加，问题就“大”了起来，势必影响到我们的生活品质。该了解该掌握该知道的，千万不可因其“小”而忽略，从而使我们变得精神懒惰、思维钝化。

大道至简。世间万物，也许都很简单，但是，如果你开动脑筋往深处思索，可能它就会变得不简单。也就是说，“冷”是因为其长期不被注意的结果，而“小”，却正是“大道”的一个轻便入口。

阅读本书，你也许会时而开怀大笑，时而击掌叹服，时而恍然大悟，时而惊出一身冷汗……总之，你会在轻松的阅读体验中获得上至天文地理，下至鸡毛蒜皮的种种知识。本书以问答方式编写，逐一解决经由我们精挑细选的三百多个问题。提问不可谓不古怪、刁钻，回答则简易、准确。阅读此书，可以让你一夜之间变得博学而又风趣，使你自此在社交场合成为话题的主导者，成为一个人肉搜索引擎。

这本《**冷知识**》，可以说是中国有史以来第一本遍及百科的杂学书。

目录

CONTENTS

Part 1 世界各国趣闻多

1 女性为什么喜欢穿高跟鞋?

谁都知道穿上高跟鞋后,走路不方便,搞不好还会伤了脚,可女性还是喜欢穿高跟鞋,为什么呢?

高跟鞋最早出现在16世纪末,据说那时流行穿马靴,马靴跟较高,好装马刺(用来踢马的东西)。也有人说,是为了不让路上的污垢和积水伤到鞋底皮革,才把跟加高。

还有一种说法,就是法国国王路易十六,不喜欢女官晚上到处游玩,特别做了一批高跟鞋让她们穿上,使她们没法到处跑。

不过,现代女性穿高跟鞋,除了跟风外,更多的是应了英国动物学家德斯蒙德·莫里斯所说,穿高跟鞋会把臀部抬高,实际上就是一种下意识的性暗示,以此吸引更多男人的目光。

2 代表和平的鸽子为什么要衔着橄榄枝?

在《旧约圣经》的《创世纪》,"诺亚方舟"的后续故事中,鸽子就被当成了和平的象征。

故事说,因为人类的堕落,上帝愤怒了,发起洪水惩罚人类,为人正直的诺亚一家,得到上帝的允许,建造一只方舟,以躲避灾难。诺亚一家乘方舟漂流到亚拉拉特山顶,为了搞清楚洪水的情况,诺亚让鸽子飞下山去探看,要是鸽子回来时衔着橄榄枝,就说明洪水退了。

后来,鸽子以及橄榄枝就被人们用来象征和平。

3 五千年前就有卫生棉了?

1896年,美国市面上出现了卫生棉。美国Johnson&Johnson公司出售的"Lister's Towel"算是第一个卫生棉产品。据说是纱布里边包棉花,然后像裤子一样穿在身上,用完后就丢掉。

实际上,早在三千年前,就有人开始使用卫生棉了。更早的,是人们发现的大约五千年前的木乃伊,在她的阴道里,就有树皮纤维做的棉条。可能那就是人类历史上最早的卫生棉。

在古罗马时代,女性会用羊毛或麻布做棉条来用。只是那时不是一次性设计,而是可以洗过后再用。

1921年,美国生产的"Kotex"卫生棉取得了很大的成功。而该产品的创意,来自当时参加第一次世界大战的护士。因为护士们发现纱布纤维

对血液的吸收很充分，于是灵机一动，想出了这个绝妙的商品。

4 扑克黑桃 A 为什么比别的 A 画得大？

18 世纪初的英国人，都喜欢打扑克。英国政府发现这是一个收税的好机会，就对制造扑克的厂商收“扑克牌税”。征收方法很有意思：黑桃 A 由政府印制，然后高价卖给扑克生产商。

生产商当然不是傻子，就想办法偷税漏税，伪造政府的“税金 A”。本来，政府开始用来收税的黑桃 A 和别的花色 A 牌面大小一样，可是，后来为了防伪，只好把黑桃 A 的图案设计得很复杂。结果就把黑桃 A 的图案弄得很大，比其他 A 都大。

5 “纯属虚构”是中国人创造的吗?

在很多电视剧,或者小说开头(或结尾),都会看到这么一行字“本剧(小说)纯属虚构,请勿对号入座”,意思就是说所演或所写内容,只是编造的,不是真的。

电影演的当然不是真的,小说写的当然也不会是真的,这个谁都知道。可为什么还要多此一举,特意说明呢?

原来,这个东西不是中国产,而是从美国过来的舶来品。

美国是一个法制国家,诉讼特别多,一不小心就会被人告上法庭。为了不要惹出麻烦,好莱坞电影一般都会在电影结束时,打上一行“本剧纯属虚构”的字幕。只是没想到,这玩意儿很快就被许多国家借用,于是,到处都在玩“纯属虚构”。

6 日本的骰子源自中国,那中国的骰子呢?

古罗马英雄凯撒大帝有句名言,叫“骰子已掷出”。从这句名言中可以得知,古罗马的时候就已经有骰子了。

其实,现在人们玩的骰子有两种系统,其中一种就是罗马系,一点的对面是六点,二点的对面是五点,三点的对面是四点,每个骰子对着的两面的点数加起来都是七点。

另一种是印度文明系,一点的对面是二点,三点的对面是四点,五点的对面是六点。

日本的骰子是从中国传过去的,而中国的骰子,是通过闻名世界的丝绸之路,从罗马传过来的。

7 圣诞老人身上的红衣服有何来历?

圣诞老人好像永远都穿一件大红衣服,一把雪白的胡须。小孩子都很喜欢这个花里胡哨的老大爷。

圣诞老人的原型是圣尼古拉斯。据说他是西班牙人,在土耳其的麦拉当过主教。他当时是不是一年四季都穿一件大红衣服,谁也说不清楚。但作为主教,好像不可能这样胡乱穿着吧?那么,是谁给圣诞老人穿上大红衣服的呢?

有一种说法是:1931 年冬天,可口可乐卖不出去,因为人们认为那是夏天喝的饮料,为了促销,商人挖空心思,最后想出了一个广告点子:“圣诞老人也喝可口可乐”。由于当时的可乐外包装是大红色,所以演绎这个广告的圣诞老人，就穿了一件红色的衣服。

那时还没有电视机这么高科技的玩意，只能靠满大街发海报宣传造势。这次广告宣传，让红衣圣诞老人的形象家喻户晓，从此在美国人心中定了型。后来，可口可乐公司的生意越做越大，遍及世界各地，圣诞老人的红衣服，也就成了国际通用形象。

由此可知，圣诞老人的服装，源于可口可乐的宣传需要。

8 在马拉松比赛中，选手可以上厕所吗？

马拉松比赛的时候有一个规定，就是必须连续跑步两小时以上。按理说，选手要是在途中跑去上厕所，想拿的名次可能就只有倒数了。可

是，选手们体能消耗需要喝大量的水、运动饮料等，这无疑会让人产生便意，要是真想跑厕所怎么办呢？

没关系，俗话说，拉屎拉尿，天公地道，没人规定只准吃不准拉。在马拉松比赛中，由于全身运动使肠胃蠕动加剧，产生便意是正常的生理反应。

1973年，在日本琵琶湖的马拉松比赛中，慕尼黑奥运金牌得主——美国的法兰克·修特原本跑在最前头，可他突然蹲在运动场边大便起来，等完事后再跑时，已落后了好远。但是最后，他还是冲上前去，赢得了比赛。

9 在唐代，日本一共派了多少批遣唐使前往中国？

遣唐使是由日本派往中国的公费留学生，主要学习中国文化和佛学等。

从630年第一次派遣起，到894年（平安时代初期），日本共派出了15批遣唐使。每批人数从200到600人不等，有历史学家以平均数每批400人计算，一共有6000名遣唐使到过中国。但是，真正学成归国的，却只有3000多人。因为在日本的奈良、平安时代海上航行艰险无比，人们搭乘的都是木船，没有引擎，却要横渡大海。失事、沉没、漂流等危险随时都会发生。遣唐使返回日本，只有8次比较顺利。最后，有差不多一半的人因为海上事故葬身海底，或漂往他处，不知所终。

中国的鉴真大师等人，由中国唐朝派往日本，12年中经历了5次失败的航行，等终于成功踏上日本土地时，大师已经双眼失明。

10 在日本能看到四边形的太阳?

太阳是圆形的,这个小孩都知道。然而,在日本北海道,只需从根室往北走,开车大约一小时,就会到达别海町。据说这儿有个地方叫尾岱沼,从 1 月中旬到 3 月中旬,在天寒地冻时,有时能看到四边形的太阳。

要想看到四边形太阳,有几个条件:一是气温在零下 20℃以下;二是晴天;三是地平线上没有云。只要满足了这三个条件,就能看到四边形太阳。只是,在一年之中,同时具备这几个条件的时间只有不多的几天。

至于为什么太阳看起来会呈四边形,目前还没有令人信服的权威说法。

11 阿尔及利亚和奈及利亚有什么关系吗？

阿尔及利亚和奈及利亚是两个独立的国家，从名称上看，它们好像是有关系。

事实上，它们什么关系都没有。阿尔及利亚在北非，面积比苏丹小点，是非洲的第二大国。而奈及利亚位于西非，靠近几内亚湾，占了非洲总人口的1/6。是非洲第一人口大国。

为什么叫阿尔及利亚？因为从前阿拉伯人入侵非洲，第一站就是现在的阿尔及尔港外的四个小岛，于是便把这儿叫“岛群”。阿拉伯文为“Al-jezayr”，转化成欧洲文字就变成了“Algeria”，翻译成中文就是阿尔及利亚。

奈及利亚这个国家名，是19世纪末的英国旅行家命名的。原因是当地人把奈及利亚中央的那条河叫尼日河，而尼日尔国就在旁边，为了便于区分，旅行家们就索性把这里叫奈及利亚。

也就是说，这两个国家唯一的关系，就是中间隔了一个叫尼日尔的国家，别的则完全没有关联。

12 在日本，“三国第一的新娘”是什么意思？

从前，日本人办婚礼时，客人要想赞美新娘子漂亮，常用的一句话就是“三国第一的新娘”。

“三国”，表面上是指日本、中国和印度，而实际上，在那个时候，日本人以为世界上就这么三个国家，所以就把三国当成了全世界。“三国第一的新娘”，其实就是世界第一的新娘，天下第一的新娘。

想想那时的日本人，也真是挺可爱的。他们嘴巴里的“三国第一的新娘”，是不是和广东人嘴巴里的“靓女”差不多一个性质？哈哈！

13 为什么西方文化忌讳“13”这个数字？

“13”这个数字让西方人忌讳，就像中国人讨厌“4”一样。据说西方的这个忌讳，是因为13号那天，是耶稣基督殉难的日子。背叛耶稣的犹大，在耶稣的门徒中，刚好又排行“十三”。其实，在西洋文化中，对“13”这个数字的厌恶由来已久。

古希腊人心目中最完美的数字是“12”，因为他们的算术是十二进位制。在希腊神话中，奥林帕斯山上也住了12个神仙。可是，要在完美的“12”上加一点，变成“13”，在古希腊人看来，已经严重破坏了数字的完整性，于是，厌恶之情，油然而生。

14 为什么西方文化钟爱“7”这个数字？

在西方文化中，“7”从来都是幸运数字。据说这与基督教有关。《圣经》的《创世纪》里说，上帝创造地球上的一切，一共花了 6 天时间，在第七天的时候，上帝休息了。现在的一个星期有 7 天，而星期天休息的规矩，实际上就源于此。西方人也因此特别喜欢“7”这个数字，认为那是可以给他们带来幸运的数字。

从心理上说，这有点像中国人迷信“8”，“8”即“发”。中国人的这个爱好，也真是有点莫名其妙。

15 冰葬是用“冰”埋葬吗？

冰葬并非是用“冰”埋葬死者，而是将死者的遗体放置在液态氮气中进行处理的一种新型尸体处理方式。

氮气要进入液体状态需要零下 196℃的低温，因此液氮环境就能够制造出极低温度的环境。在这样的低温下浸泡，有机组织很快就会脱水，再利用超声波，遗体就会粉末化成为骨灰。

这种方法比传统火葬的效率要高出许多倍，而且不会产生环境污染问题。这种条件下产生的骨灰粉末很容易在自然条件下分解，回归自然界的生态轮回，也实现了亡者落叶归根的愿望。当然，与传统的火葬相比，价格还略显贵了一些。

16 世界上有多少国家采用三色国旗？

世界上，有41个国家采用的是三色国旗。比如法国国旗，就是红、白、蓝三种色。还有的国家虽说用的是双色国旗，但也把这两种色彩分割成三等份，看起来也像是三色国旗。要是加上这些国家，那么，世界上最少有三分之一的国家采用的是三色国旗。

荷兰是最早采用三色国旗的国家，公元1574年，荷兰就开始用橘(后来改为红色)、白、蓝三色做国旗。那时的荷兰在世界上很有实力，跟着它跑的国家多了去了，所以采用三色旗做国旗的国家越来越多。

17 在日本，秃头不能做相扑力士吗？

日本有个相扑协会，协会细则明文规定：十两（日本相扑位阶）以上的力士必须绑发髻。

在昭和三十年，有个横纲（日本相扑的一级力士），因为头上没几根头发，怎么努力都没办法绑发髻，结果就被强制退役。

不过，现实中也不是个个秃头都当不成相扑力士，发型师自有他的办法。对这个问题，日本相扑协会专门作了有关说明："现在床山（相扑力士的发型师）的技术也进步了，只要旁边还有一点点头发就可以绑髻。"也就是说，协会允许发型师帮那些快成秃头的相扑力士"弄虚作假"，绑一个假髻。

可相扑协会为什么不干脆废掉这个规定呢？想想也真是有趣！

18 欧美人什么时起从泡澡转向了淋浴?

从近代看,欧美人和亚洲人不一样,他们不喜欢泡澡,一般都是淋浴。事实上,在罗马帝国时代的“卡拉卡拉浴场”,已经证明西欧人从前也是喜欢泡澡的。他们为什么会从浴缸里站起来,转而喜欢上了淋浴?这事还得从头说起。

西方基督教的盛行,从5世纪开始。基督教的教义中有“禁欲”内容,并立下许多禁忌,不得触犯。在浴缸里泡澡就是禁忌之一。因为泡在热水里让身心沉溺于快乐之中,在他们看来是很不应该的行为。再说,大家都在用浴缸,还可能会有传染病发生。

19 在日本，戴着鬼怪面具开车是违法行为吗？

日本的法律条文，并没有规定司机开车时的服装和仪容，《道路交通法》只是规定开车时不得穿拖鞋、木屐等。所以，戴着奇怪面具开车，也不算违法。

但这并不等于说警察不会管你，要是被警察看见，轻则训诫一番，重则会把你带到派出所去，询问你的有关情况，说不定就查出你其他方面的违法行为，拘你几天。

要是因为戴鬼面具吓着对面来车的司机，出了车祸，戴面具者还会被控告。

20 南极和北极有什么区别？

南极和北极的区别是：南极是广阔的大陆，驻有世界各国的很多观测站；而北极没有大陆，只有一座座巨大的冰山，实际上就是一片汪洋。

因为是海洋，所以北极冰是由海水结成的，有咸味；而南极冰是淡水凝结而成，没有盐分，可以化成水来饮用。

还有一个不同就是，因为是大陆，南极比北极冷得多。

21 英国人为什么喜欢在昏暗的酒吧里喝酒？

经过一天的繁忙，劳累了的人都喜欢喝点小酒，散散心，解解乏。和

很多国家的人都不同，英国人喜欢往光线昏暗的酒吧里钻，有的酒吧暗得连旁边喝酒的人是男是女都分不清楚。

去过英国的人也许见识过，就算是炎热的夏天，很多小酒吧都是关着大门的，窗户上也拉起了厚重的窗帘(不要指望里边有空调)。

为什么会这样呢？原因之一，是因为英国人对私人空间的要求比较高，都喜欢待在属于自己的空间里，不要被旁人打扰；原因之二，是喝酒的人，不想被禁欲的清教徒朋友看到。那样可能遭到指责，甚至会失去这个朋友。

22 老虎咬死人，会被控告吗？

前几年，湖北一林场的工人被老虎咬成了残废。他伤好之后，请了律师，向法院提起诉讼，状告老虎故意杀人（一游人被咬死），要求法院判老虎死刑。最后案子不了了之，但却引起了很多人的争议。人伤了国家保护动物，就要负刑事责任，而动物伤人，却不用负法律责任，难道人和动物在法律面前就不能平等了吗？

其实，在中世纪的欧洲，就曾出现过类似的案子，有动物因伤人致死，接受审判。

1370 年，英国就有 60 头猪，被人以杀害饲主罪，告上法院。法院真的就受理了此案。经过慎重审理之后，宣布有 3 头猪是主犯，罪判死刑，另外 57 头猪被审判长当庭严厉申斥之后，无罪释放。

1467 年，法国也有 1 头母猪和 6 头小猪被控犯有杀人罪。律师以小猪未成年为由，将主要罪责归到母猪身上。结果，那只倒霉的母猪被判了绞刑，而小猪则判了缓期执行，全都放了。

在泰国，有一头大象把一个年轻女子踩死了，警察就将大象告上法院。经法官详细调查取证，发现是年轻女子先动手抓大象，惹急了大象，大象才出脚还击，所以大象的行为属正当防卫，不承担相关法律责任。当然啰，这样判决，不能不说是考虑到了泰国国情，因为在泰国，大象是国王的坐骑，地位尊显而神圣，法律恐怕也得让它三分。

23 体育竞赛中的跨栏类项目有什么来历？

据考证，跨栏类竞赛项目，产生于中世纪末期的英国。那个时候，“土地私有”概念刚刚在英国兴起，于是地主们纷纷用木栅之类，将自己的领地围起来。这些加了栅栏的地方，代表了所有权，有点像现在的土地所有证。

有了土地的界线之后，地主的权利就有了保证。可这跟跨栏运动有什么关系呢？

原来，那个时候的有钱人，一天到晚没什么事干，也没有卡拉OK或麻将之类的娱乐。他们最大的乐趣，就是纠集一伙人到山上或林子里狩猎。想想吧，呼朋引伴，骑着马儿，到山野之中追击猎物，那是多么享受的生活！可是，到处都是标示土地界线的栅栏。这些该死的栅栏老是拦着他们的道，碍手碍脚更碍事，但是，他们也不能只为自己享乐，就坏了人家的规矩。没办法，只好骑马跨过栅栏，只是谁也没想到，这个无奈的办法，后来竟演变成了一个世界风行的体育比赛项目——跨栏。

没错，后来，人们在赛跑过程中，便试着设置了跳栏。跳不过去的，当场淘汰。

土地真是一个永远的结，比如现在的房地产商，为什么拼了命地哄抬房价？归根结底，还是土地太宝贵了，这些不可再生的稀缺资源，一旦落入他们之手，就会竖起一道高高的栅栏，等着购房者来跳。当然，钱多的购房者一下子就能跳过去，钱少的只有被淘汰的命。

24 为什么人们一激动就要把核心人物抬起来抛向空中？

在体育比赛中，获胜队伍因为激动，经常把教练或队长抬起来欢呼着抛向空中。这个仪式般的奇怪行为，是怎么产生的？

据说这种举动源自英国，原本是庆祝基督复活的复活节仪式。最初的样子是：让一个人坐在椅子上，然后众人将椅子高高举起，以此象征基督复活。

后来，很多国家都开始模仿这个仪式。当成功做成某件大事后，激动的人们情不自禁，把核心人物抬起来抛向空中，主要是表达一种内心的激动和对英雄的崇敬。

只是，人类喜欢搞怪，在 18 世纪末，女性们喜欢将不认识的男士抬起来，让无数男士感到无比的愤怒。

在日本，有个中年男性升了官，下属们便把他抬起以示祝贺，没想到抛上去掉下来没接住，掉在地上摔死了。

25 在日本,捡到钱还回去时有提成吗?

日本有一个《遗失物法》,上边明文规定,如果谁拾获现金,并把钱交到派出所,那么失主必须给捡钱人一定的报酬。这个标准是:拾获金额的5%~20%。这差不多等同于现在中国一些报社的广告业务员拉回业务的提成。

要是捡到的是存折或支票,那就没什么意思了,因为在日本《遗失物法》中,存折只是纸张,就算里边有一个亿,那钱也只是在银行,和存折无关。

中国有没有《遗失物法》?可能绝大多数人没有听说过吧!

26 在月球上出生的小孩,能入地球的户籍吗?

有段时间,美国人非常严肃地讨论了这个议题。很搞笑吧?

就目前来说,根据各国的协定,月球还不属于任何国家,不管是最早开始太空旅行的前苏联,还是第一个登陆月球的美国,都不能把月球当成自己的领土。

可是,要是有人在月球上生下小孩,孩子该是哪个国家的公民呢?美国人讨论了很久,最后统一观点,认为如果小孩是在美国的太空船或太空基地出生的,不管他的父母是哪个国家的人,这个小孩都是美国公民,户籍应当属于美国。

美国人的认真劲,让人想起来就要发笑。

27 华尔街一直就是金融家的天堂吗？

从1624年，荷兰西印度公司派员工常驻华尔街，而许多银行家、金融经纪人也不断涌到这儿来。慢慢的，纽约华尔街就出名了，最终以证券、金融闻名世界。

华尔街刚开始只是一条农道。17世纪初，华尔街附近有很多原住民，为了提防他们搞袭击，银行家们在周围筑起高墙和栅栏，还建了一个堡垒，由保安看守。

但是，他们担心的事情从来没有发生过，原住民根本就没动过攻击他们的心思。后来，那些用来防备原住民的栅栏和堡垒腐烂了，到1635年便全部倒塌。华尔街本来是栅栏边的农道，后来竟成了闻名世界的金融街。想想真是不可思议。

28 在日本搭乘计程车会发生灾难吗？

日本计程车的驾驶座后，一般都贴了一张纸，上边用日文写着一行字。刚去日本的中国人，要是不懂日文，对这行字特别不理解，因为那行字中有中文“有难”这样的字眼，看起来好像是提醒大家，坐车随时会发生灾难一样，总之会吓人一跳。而实际上，在日文中，“谢谢”的汉字写法就是“有难”，那行字的意思就是“谢谢您每次的搭乘”，并不是说会发生灾难。

但话说回来，中国人的担心也不是完全没有道理的，全世界每天都会发生很多车祸，要是不巧碰上了，那就真的是“有难”了。

29 日本相扑力士那么肥大，坐飞机要不要买两张机票？

因为表演需要，日本的相扑力士们经常要坐飞机，在国内和国外巡演。他们的体型那么庞大，一个人说不定就要坐两三个人的位置，要是上厕所，可能门都关不上。这样的庞然大物坐飞机，肯定会给空姐增加很多麻烦。那么，机票价会不会相应提高？比如一个相扑力士，购两张机票？

其实相扑力士只要没超过 150 公斤，还是可以坐在单人座里的，不用加钱，但要是实在太重了，需要安排更宽的地方让他坐，航空公司也不会手软，真的会加钱。

要是一人坐了双人座，那价钱就是单人的 1.5 倍。要是一个人坐了三个人的座位，那就要付两张机票的费用了。

30 日本的“香油钱”不用交税金吗？

在日本，每年大年初一，很多人都会到寺庙去参拜，人数多达数千万，其壮观程度令人惊叹。新年，人们去参拜神社，最大的受益者当然是神社，人们捐的香油钱，绝对是一个天文数字。那么，这笔钱需要交税金吗？

据了解，尽管进帐数目巨大，却不用交税。因为日本神社是宗教法人团体，参拜者又都是自愿捐款，不是服务类收费，所以这个香油钱是不用缴税的。

听说中国的一些慈善机构会截取捐赠的10%自主支配，不知是不是真的？

31 乱停车被罚钱，吃掉罚单就没事了？

在日本大阪，有一阵子推行“禁止乱停车运动”，还拍了一个公益广告，里面一个乱停车的人被警察捉住，被开了一张罚单，这个人气坏了，把罚单塞进嘴巴吃掉了。

吃了罚单就没事了吗？当然不是。可生活中真的有人像广告中那样，一怒之下把罚单吃掉，结果是又加上了“毁损器物罪”、“妨碍公务执行罪”。真是倒了大霉。

现在中国也有很多城市专门成立一个执法机构，专管乱停乱放，到处拖车罚钱。不知道在中国把罚单吃了会怎么样呢？

会不会遭到执法人员的追加处罚？说不准。

32 人妖犯了罪,该关进男监还是女监?

人妖犯罪入狱,住男监还是住女监?这的确是个问题。不少国家都为这个事争议过。有的国家,人妖户籍上写的是男性,有的国家,写的又是女性。因为人妖动手术后就改变了性别,身体和心理都女性化,要是穿着衣服,比很多真正的女人都要美。

有个人妖被判入狱,主动提出要住女监,可警方没同意,但又不能让他和男犯人住一起,那样会乱套的。最后只能给他一个单人的男监。就像中国人常说的,特殊状况特殊处理。

人妖严格来说该算女性,因为他们的生活习惯和女性相同,进出女厕所、女浴室等。但是,日本却不准人妖进入女厕所或女浴室,要是进去了,就是“侵入住居罪”,会受到处罚的。理由是,人妖虽说改变了性别,但户籍上还是男性,如果进入女厕或女浴室,会扰乱正常的社会秩序。

33 配偶在外玩同性恋,这个离婚理由成立吗?

婚姻法要求男女双方都得对配偶忠诚,要是有一方不忠,另一方就可以提出离婚。可是,如果配偶玩的是同性恋,这个离婚的理由充分吗?

从法律上来说,“外遇”的定义是有限定的,也就是说,只限于男女关系。就算是女方和她的女朋友发生了性关系,也不算外遇,除非她只和女朋友玩,而不和丈夫做爱,要不然,男方就没理由要求离婚。

但是,在日本,法律认为,如果男方和同性恋者搞外遇,女方可以提出离婚。理由是:男性不像女性那样,一天可以过很多次性生活,要是和同性恋有性行为，肯定精力不济，没法完成对女方的性义务，会影响家庭的稳定和女方的身体健康，所以女方可以要求离婚。

34 世界上最小的国家，比梵蒂冈还小？

意大利西北部利古里亚区靠近法国边境的花华利碧山上，有一个世界最小的国家——塞波加大公国。它原来是一个普通的乡间小村，于1963年宣布独立建国。

塞波加大公国面积约4平方公里，居民只有362人，拥有自己的宪法、军队等，海陆空三军总共才几名士兵，全部热爱和平，没有配枪。并组有8个部长的内阁，餐馆老板兼任外交部长。此外，该国还另设一个24人议会，由杂货店老板娘兼议长。截至2009年已与46个国家“建交”。

1994至1996年间，塞波加大公国印刷了一种名叫“鲁基尼”的货币，且为国际银行所承认，1元“鲁基尼”可兑换6美元。但是一出塞波加大公国，便没有了法定价值，意大利政府首先便不认可该货币。此外，塞波加大公国发行了邮票，但该邮票只有收藏价值，不能寄信。

35 为什么匈牙利人也会有蒙古斑？

蒙古斑，据说是蒙古系民族的特征。婴儿出生的时候，屁股或背部带着蓝色斑块，只要有这个斑块，就说明你是蒙古后裔。那么，这种说法可不可靠呢？

匈牙利人在欧洲,可他们也有蒙古斑。为什么这个东欧民族会有蒙古斑,而靠近亚洲的俄罗斯人、波兰人、罗马尼亚人却没有蒙古斑?

原来,在公元13世纪时,成吉思汗横扫欧亚大陆,早就把匈牙利给摆平了。蒙古大军进入匈牙利,当然会在那儿留下蒙古人的种子。匈牙利人和蒙古人混血的结果,就是现在的匈牙利人,不时会"隔代遗传"生下一些有蒙古血统的婴儿。

据说,在中国台湾,出生的婴儿差不多有六成的概率会身带蒙古斑。

36 北海道的摩周湖,永远都是清澄如镜的吗?

到过日本北海道旅游的人都知道,那儿有一个摩周湖,清澄如镜,丢一颗石头下去,凭肉眼即可看到石头在水中往下落的过程。

但摩周湖并不是一直都那么清澈，在早春和晚秋时节，当湖面温度在4℃左右，湖水就会变得污浊。

原因是，摩周湖湖水在4℃的水温时最重。夏天，湖面水温比湖底高，而秋天来到，湖面的水的热量开始向湖底转移。等湖面温度刚好在4℃之时，湖面上沉重的水会突然间全部沉入湖底，湖底的泥沙也因此被冲击得往上涌起，湖水随之一片浑浊。而到了早春时节，湖面水温比湖底低，于是又有一次交换，湖水也因此又一次污浊不堪。

37 日本神社树上系的神签为什么总是干净的？

在日本，人们到神社抽签后，会把神签绑在树上。把神签绑在树上，目的就是祈求"愿望实现"，这是日本民间的传统习俗。但有的地方是抽什么签都绑，有的地方则是只绑大凶、凶等下签。

只是让人奇怪的是，那些绑在神社树上的神签，好像一年四季都是新的一样，每根神签都干干净净的，一点都没有风吹雨打过的肮脏和残破。

是神灵在暗中保佑吗？当然不是。

是神社的人定期把树上的神签收集起来，举行一个"焚烧仪式"，而树上的神签，多数都是刚绑上去不久，所以看起来很干净。

38 如果富士山火山爆发，会不会毁灭整个东京？

只要天气晴朗，人们在东京都可以远远地望见富士山。东京和富士山的距离非常近，这就很让人担心，要是哪天富士山火山突然爆发，那该怎么办？众所周知，地震、火山爆发等自然灾害也是有周期性的。自1707年以来，三百多年过去了，富士山好像一直不动声色，这种情况反而更加让人担心。

据资料记载，从前富士山火山爆发，会出现地震、天昏地暗、灰尘满天等情况。而且经常是大雨倾盆，有人还会感到喉咙和眼睛会莫名其妙痛得要命。

富士山是一座休眠火山，不是死火山，所以完全有可能再次爆发。要是哪天真的爆发了，近在眼前的东京，会不会被毁灭？很难说。

39 捡到的钱缴税后可以揣入腰包？

没听过吧？捡到的钱缴税后可以揣入腰包，在中国肯定不会发生这种事！因为中国从来都是“我在马路边，捡到一分钱，交到警察叔叔手里边”，至于警察叔叔会不会交公，因为缺乏监管，没人知道。但捡钱要交公这是硬性规定。

可日本却不一样，依据日本所得税法第三十四条，捡到的钱，就像是智力竞赛奖金、赛马的红利，是“一时所得”，是来自临时的收入，不是营业所得，也不是打工所得的工资，虽说也要缴税，但没有薪资所得缴的税高。而且，捡的钱在五十万日元以下，还免税。

有个卡车司机，就曾在银座捡到一亿日币，钱上交后，失主一直没来领，结果按有关部门规定，钱又还给那个司机。司机再按规定交税后，钱便是他的了。

40 厕所和浴室连体有什么来历吗?

出差住酒店,厕所和浴室肯定是连在一起的,其实商品房大多都是这样设计。至于为什么会这样组合,那得从 17 世纪后半叶的欧洲说起。

以前的欧洲家庭,卫、浴都是分开的。在卧室,床的旁边会放上一个坛子,那是幼儿的尿盆。而贵族身份的人,生活条件好,就比较讲究,专门有洗澡的浴室。普通人只能在家里弄个木盆装点水清洗身体。那些阶级比较低的贵族,也没条件专门造一间浴室。

时间进入 17 世纪后半叶,有钱贵族家中的妇女,有了专门的化妆室。之后,夜壶也从卧室搬进了化妆室。这时在里边沐浴,也就有私人空间了。慢慢的,厕所与浴室就连为一体了。

奇怪的是,那时的欧洲人,每天早上都会把夜壶里的脏东西,从自家窗户朝街上倾倒,搞得臭气烘烘的。虽说有清洁工打扫,可他们为什么不提下楼去交给清洁工呢?

41 日本人为什么把生鱼片叫做“刺身”?

生鱼片叫“刺身”,是因为鱼的身体被刺了?

这里边有个故事:从前,日本人招待客人吃生鱼片时,会将鱼鳍刺入鱼肉,然后再端出来放在桌子上。为什么要这么做呢?因为鱼被切开后都成了一个模样,没几个能看出那是什么鱼,为了让客人知道自己吃的是什么品种,主人就会将鱼鳍刺在鱼肉上,以便客人一眼就认出来,做到心中有数一目了然。所以,生鱼片也叫“刺身”。

42 非洲一年四季都热得要命吗?

非洲给人很热的印象,主要是从当地人的黑皮肤开始,大家都以为那是太阳晒黑的。特别是影视作品中,非洲人好像一辈子都光着上身,那可能也是因为太热的原因。

而实际情况是怎样的呢?

要说热,在非洲,真正热的地方,只是撒哈拉沙漠的周围。也就是作家三毛写过的那个沙漠,那地方是真的热。但除此之外,非洲别的地方还是很凉爽的,而且一样会下雪。

在赤道正下方的那些国家,海拔在 1500 米以上。这些地方的气温,要是在白天太阳最猛的时候,也只是 27℃左右,比中国广东的气温还低。要到了晚上,气温更是会不可思议地降到 10℃以下。

更有意思的是，这些国家没有明显的四季之分，一年到头都差不多是这个样子。虽说人们生活在赤道正下方，可还得穿毛衣、外套才能保暖。

43 牛角面包是玛莉皇后带到法国去的吗？

法国面包的代表之一，就是牛角面包。这种面包，本来是奥地利维也纳的名产。后来，玛莉皇后嫁给了路易十六，就把这个特产的制作技术带到了法国。

牛角面包是新月形的，17 世纪末流行于维也纳。那时，奥地利人正在和土耳其人打仗。有天早晨，一家面包店的老板起床发现，土耳其人正在维也纳的大街上挖地道。他赶紧通知奥地利军方，及时采取措施，这才避免了维也纳被突然袭击。

面包店老板看着土耳其人的国旗就恨得牙痒，恨不得把旗子上面的新月图形吃掉，结果就把面包做成新月形，大口大口地猛吃。这种面包传到法国后，取名牛角面包。

44 日本武士切腹为什么会是光荣的？

在很多战争片中，打了败仗的日本武士，就算上司没叫他自绝于人民，他往往也会以切腹的方式，向天皇谢罪。

"切腹"这种死法对日本武士来说，是非常光荣的。特别是在日本的江户时代，武士之死多以切腹为荣。要是犯了罪，斩首和切腹都是死，可意义却大大不同。斩首是罪犯被幕府惩罚而死，很丢脸，但是切腹却有勇于担当责任的意思。

日本考据家稻垣史生称，在江户时代，武士普遍认为，人的魂魄和感情都在胸腹之中，切开自己的肚子，代表的是此心可鉴。就像中国人说的“把心掏出来给你看”，代表的是自己的一片赤诚和清白。

这种观念进一步发展之后，又演变成了武士道的重名誉和不怕死，即所谓的“武士道精神”，如此这般，切腹就成了武士最光荣的死法。

45 威尼斯的平底船为什么全是黑的？

“水都”威尼斯闻名世界。现在中国很多城市都在模仿威尼斯，建造人造水都。正版威尼斯水都，有176条运河，还有123座岛屿，连接其中的，大约有400座桥梁。这些桥梁大多数都是19世纪后建成的。也就是说，在没有那么多桥之前，装人载货，都是靠数不清的小船，在水上穿梭往来。

威尼斯的小船有个特色，就是船底很平坦，船身低而狭长。之所以弄成这样，主要是狭窄的运河，容不下那么多宽大的船。16世纪的时候，威尼斯的平底船就超过了一万艘。

开始，平底船的船身涂有红色、蓝色、金色等颜料，船主之间互相攀比船的华丽程度。于是，船舱就有了镶嵌的玻璃窗，大理石椅子上还要铺天鹅绒，放上锦缎靠枕，船底铺上进口的波斯绒毛地毯。

越来越奢华的风气，让威尼斯政府十分恼火，于是就有了“取缔浪费委员会”，并规定所有船体全都改成黑色，覆盖船舱的物品全部采用黑色纺织品。要是哪个不听话，法律伺候！

从此，威尼斯的平底船，就全都变成黑色了。令出必行，真的让人叹为观止！

46 天津甘栗为什么是河北产？

天津甘栗，主产于燕山山脉、长城脚下的河北省境内的遵化、迁西、兴隆、宽城等地段，本来就是河北省栗子。其特色是栗子小，肉很甜，下锅炒根本不用加调味料，吃起来也是香甜满口。

按理说，甘栗的主要产地都靠近万里长城了，跟天津根本不是一个方向。可为何河北产的栗子叫天津甘栗呢？这里边的故事，说出来其实一点都不曲折，以前交通不发达，河北产栗子，得从天津港运往世界各地，结果，天津理所当然地抢了风头，好好的河北栗子眼睁睁被篡改成了天津甘栗。

47 要是核弹发射员一不小心按了发射钮，世界会不会完蛋？

听说美国总统管着核弹的钥匙。实际上他只发布命令，不负责按发射钮。发射工作由发射管制官专职负责。

人这个东西，并不是随时都可以处于理智状态的，要是哪天发射管制官和老婆吵了一架，心情不好，会不会突然发病，一伸手就按了发射钮？这一按，世界不是全完了？

事实上，就算发射管制官真的转动了发射钥匙，核弹也不会发射。因为，有两个发射管制官，除非两个人同时转动两把发射钥匙，要不然核弹就不会发射。

为了安全起见，两把钥匙的匙孔隔了四米远，就算一个人得到了钥匙，也无法同时转动两把钥匙。再说，两个管制官身上都有手枪，不会让钥匙被人轻易抢走。

当然了，要是这两人串通起来，同时转动发射钥匙，那就真的麻烦大了！

48 格陵兰的“绿岛”是一座冰岛吗？

格陵兰岛位于北美大陆东北方，是一位诺曼族族长“红发艾力克”发现的。在此之前，红发艾力克已经发现了一个冰岛，可因为“冰岛”这个名字让人听而生畏，所以没有人去定居。红发艾力克觉得很没意思，当他又发现格陵兰岛时，虽说还是冰天雪地，却为它取了个充满希望的名字——“绿色岛屿”。

可能是“绿色岛屿”很吸引人，到了 15 世纪，岛上已居住了不少人。现在，格陵兰岛的人口有五万多人了，连北欧裔人都有。

49 美国公司要求应聘者履历表贴照片是违法行为？

无论到哪家公司应聘，都得准备履历表。中国的履历表上，肯定是要贴本人照片的，可是，要是在美国就不用这样。而且，要是公司要求应征者贴上照片，还是违法行为！

为什么呢？因为美国有规定，录用员工等，不能因为对方的国籍、人种、肤色、宗教、性别、年龄、身体障碍等，就分别对待。要是履历表贴了照片，从照片上就能看出长相、肤色、性别，甚至看出人种和年龄。这样的话，公司就可能在面试之前内定人选。这样无疑对别的应征者不公平。在美国填履历表，别说照片，性别和年龄都不用写。

50 欧洲知名品牌的商标为什么喜欢用马蹄形？

在欧洲，像Gucci、Hermes、Celine、Aigner这些一流品牌，商标多是“马蹄形”的，这是因为欧洲人相信“马蹄形能驱魔”。

公元959年，有个名叫丹肯的人，在坎特伯里做大主教。丹肯以前是马蹄铁工匠。有一天，有个恶魔变成人的样子去揭他的老底，故意要他帮忙在脚上装蹄铁。

人脚怎么能上蹄铁呢？丹肯看穿了恶魔的诡计，于是将计就计，把恶魔绑起来，真的把蹄铁打上去了。痛得恶魔发誓求饶，以后再不敢靠近门上挂有马蹄铁的人家了。

这也是欧洲人为什么用马蹄铁当敲门器的原因。

51 日本人为什么把睾丸叫做“金球”？

在日本，连小学生都会出这样的谜语：“红色的球叫红球，蓝色的球叫蓝球，金色的球叫什么？”当然，这都是男生捉弄女生时的恶作剧，女生不明就里，可能就会说是“金球”，然后男生们就哈哈大笑。

日本人把睾丸叫“金球”，有如下三个原因：

一、日本人认为，精子就像黄金、钻石一样金贵，而睾丸是精子的产地，所以它就像是一个生产金子的“金球”。

二、这是因为日文的读音关系，本来是“生命之球”的读音，读着读着就走调了，变成了“金球”。

三、金在日本有“慎重”的意思，而球有“赏赐”之意，金球的意思就是“慎重的赏赐”。日本人认为，这是老天赏赐给男人的，以保证子子孙孙世代繁荣，所以得认真保护和重视。

52 人像雕刻为什么很多都没有鼻孔？

其实，古希腊、罗马时代的雕刻，因为注重写实性，是要雕鼻孔的。只是近代的雕刻家们，基本上都不雕鼻孔了。虽说不雕，但看上去，还是像有鼻孔。

一般说来，雕刻鼻孔时，会依据人像的脸部方向，决定如何运刀。比如低头的人像，几乎不用雕鼻孔，抬头的人像，也只需雕刻到让人看起来像鼻孔就行了。刻得深的，了不起也就5毫米左右。据说，要是鼻孔按真人的比例挖得又大又深，那样会损害作品的艺术性，再说，这样也不好看。

53 日本时代剧中使用的头套是中国人的头发制成的吗？

在日本，假发店租给电视台拍摄时代剧用的头套，都是真发制成的。

但这些头套几乎不会采用日本人的头发，因为日本人喜欢染、烫头发，而染、烫之后的头发不适合做头套。

日本有关专家称，制作头套的头发，主要是从中国、印度等国采购，而中国女性的发质最好，非常适合做头套。之所以不采用欧美人的头发，原因是她们的头发发质太柔软了，没办法进行头套的造型加工。

54 日本的夫妇茶杯中，为什么男方的比较大？

在日本，有一种夫妇茶杯。丈夫用的茶杯大，妻子用的茶杯小。这是因为男尊女卑吗？

当然不是啦！这种夫妇茶杯，出现于江户时代，在当时是有科学性的！

日本的江户时代，工匠文化成长迅速，其间诞生了一种度量方式叫“既定尺寸”。意思就是说，以人体的尺寸来决定其使用器具的大小。夫妇茶杯，就是按这种方式做的。

比如做茶杯，杯口直径，按人身高的8%，丈夫一般都会比妻子高大，手掌和胃容量也会相应地比妻子大，所以杯子就会大一些。这样使用起来才比较舒服。

当然，要是妻子高过丈夫，她用的茶杯，自然也要比丈夫用的茶杯大。

55 福特T型汽车一共卖出多少辆？

1908年，福特公司宣布福特T型汽车上市。因为是流水线作业，可以批量生产，所以这辆车价格很低，很多人都买得起，到 1927 年停产，这款车总共卖了 1500 万辆。

可以说，福特 T 型汽车，彻底改变了美国人的生活。白领阶层再也不用在城市中心挤成一团了，而是住到风景宜人的郊区去，每天开车上下班。到了假期就更爽，开着车，和朋友到处兜风。

更有趣的是，年轻人以前约会都是跑到对方家里去，有了汽车后，干脆就在车子里谈恋爱。或者开车出门旅游，搞得假日里在教堂都看不到几个年轻人。

56 罗丹创作《思想者》的灵感来自哪里？

很多人可能都知道罗丹的雕刻作品《思想者》。可是，很多人都不知

道,这个思想者到底在想什么。其实,思想者到底在想什么跟你我毫无关系,不过,本着学术研究的态度我们还是来探讨一番。

说是思想者,认真说,他并没有想什么。按罗丹的创作灵感推测,他在注视着地狱悲惨的景象。

因为,罗丹创作这个作品的灵感,来源于但丁的长篇叙事诗《神曲》。《思想者》本来就是罗丹作品“地狱之门”的一部分。而从《思想者》的姿势看,他是从地狱之门上边往下看,也就是在看地狱里痛苦挣扎的人。

57 网际网络是为军事用途研发吗?

1957 年,人类史上的第一颗人造卫星由苏联成功发射。美国为此紧张得要命,怕苏联一颗核弹过来打掉了他的“中央集权型通讯网络”,让美国陷入瘫痪。于是,美国空军的一个研究所接受政府委托,由保罗·巴兰博士研发一种即便被核弹破坏了通讯中枢,仍可以保持通讯的方式。

1964 年,巴兰博士在论文里提出了“分散式通讯”的构想:通讯网络像网络一样,就算一个点被破坏,通讯还是可以保持。但当时都没有电脑这么先进的东西,国防部通讯局负责人读这个论文,感觉就像是在读科幻小说。

两年之后,美国国防部有人发现了巴兰博士的论文,如获至宝,委托麻省理工学院的林肯实验室,开发通讯专用电脑。1969 年 9 月,专用电脑开发出来了,并于年末启用。

58 美国女性成天穿着长睡衣，这是什么意思？

我们看美国影视剧，经常看到那儿的女性大白天都穿着长睡衣。就算客人来访，最多也是在睡衣上披件睡袍。她们为什么会这样呢？是因为特别喜欢穿睡衣？或者她们觉得穿睡衣特别性感？

其实，她们穿长睡衣，是一种无声的语言，意思就是告诉他人：今天我休息，不想做事情。

长睡衣的拉丁文是“neglegere”，意思就是“不整理”、“不做家事”等。所以，白天也穿长睡衣，就是告诉别人，现在我不想做事情。

59 日本女性的和服“腰卷”为什么是红色的？

日本女性穿和服，会用一块布缠在腰部。这个“腰卷”，其实是日本女性的内衣。之所以都是红色，有两个目的，一是为了掩饰，二是为了表达。

这种腰卷自古以来就以红色居多，而理由则有两种说法。

据说，日本的江户时代，女性经常用腰卷，那时平民穷得要死，没有几件可供换洗的内衣裤，要是生理期，不小心把腰卷弄脏了，因为是红色，别人也看不出来，有掩饰作用。

从心理学的角度来说，女性穿红色的内衣，对男人来说是一件很刺激的事情，从和服衣襟里，隐约看见一抹红色，男人会禁不住动情。开始时，这种内衣都是妓女穿以表达自己的欲泪玉，后来才流传民间，一般女性都穿上了，不知道是不是为了向男人表达内心呢？

60 日本女性穿裙子有什么特殊含义吗?

日本女性特别喜欢穿裙子,在日本做套装,男女最大的不同,就是男下装是长裤,女下装是裙子。基本上都这样。

为什么一定得这样?日本民俗说,女性穿裙子是为了方便夭折孩子的灵魂随时回到母亲的体内。

日本人真是有意思,连这种想法都会有。要是真有这样的功用,那些没有生孩子的少女们,穿裙子岂不是很恐怖?谁也不敢保证夭折的孩子就一定不会认错人,万一他误把别人当母亲,跑到别的女性身体里去了,岂不是很麻烦?!

61 画家老是往头上扣一个贝雷帽干什么?

“贝雷帽”在希腊时代就有了,刚开始上边会镶很多宝石,讲究的是时髦和奢华。随着时光的流逝,不知为什么凤凰就变成了乌鸡,连西班牙巴斯克地区的农民,也常戴这种帽子。

在16世纪时,画家当中开始流行戴贝雷帽。这里边有两个原因,一是没有帽檐,戴起来不会挡住视线,方便实用,二看上去比较时髦。这符合画家们独特的审美观和审美情趣。

62 日本拉面碗缘的花纹源自中国吗?

在日本,有一种拉面碗,边缘上画着四角形花纹。花纹呈漩涡状,看起来很独特。

这种花纹是从中国传过去的,代表的是雷电闪光。以前日本总是用锯齿状图形,以代表闪电,但中国自古以来就用这种旋涡图案代表电光。在公元前10世纪,殷商时代的青铜器上就有了这种电光标志,叫“雷文”。

63 阿拉伯数字是阿拉伯人发明的吗?

对于这个问题,相信很多人都会毫不犹豫地回答是。但事实是,阿拉伯数字不是阿拉伯人发明的,而是印度人发明的!

我们所谓的阿拉伯数字,是公元10世纪的时候阿拉伯人从印度引进的,后来欧洲人在14世纪的时候从阿拉伯人那边学到了0到9的数字写法,取代了罗马字母,因而大家也就把这些数字称为“阿拉伯数字”了。

64 好望角是非洲的最南端吗?

一直以来,我们都误以为好望角位于非洲的最南端,但事实上,非洲最南端的点是厄加勒斯角,它位于好望角东边大约150公里处,而且还要再往南延伸差不多65公里。狄亚斯在1488年成为第一个绕过这两个岬角的人,当时他说了一句话:“波涛汹涌的岬角。”但他所指的、还有测量的是哪一个角,我们并不清楚。不论如何,对航海的人而言,好望角是一个很明显的陆标。好望角的名字应该是葡萄牙国王取的,他希望当时就可以找出一条通往印度的海路。

65 沙漠中也能钓鱼?

在漫无边际的沙漠中,要一滴水都十分困难,更何况是在“沙漠钓鱼”,这听来像是天方夜谭,但它却真实地出现在撒哈拉大沙漠。

在撒哈拉大沙漠北部的贝斯提谷,住着一群图阿格雷族人,他们一手提着钓竿,一手拿着铁铲,能在沙漠里轻松“钓出鱼来”。

其实,图阿格雷人在沙漠里钓鱼的方法很简单:他们用铁铲挖开沙子,一般深度在1~3米,如果有水渗出,证明已找到沙下暗河,于是在鱼钩上挂上昆虫或羊肉条,丢入渗水的暗河里,就会有鱼儿上钩了。

运气好的话,能钓起一些活蹦乱跳、稀奇古怪的鱼来。他们最喜欢的是一种名叫猫儿跳的无鳞鱼,这种鱼没有骨,肉质细嫩,在热沙子上放半个小时就熟了,蘸着盐巴就可以吃,味道很美。约两天后,一个个被挖的坑就会被流沙填平。

这一怪现象,曾令科学家大为迷惑,后来美国科学家利用遥感卫星测出,原来这一带沙漠下曾是一片大海,在沧海桑田的变化中被沙子淹没。但图阿格雷人早在几个世纪前已经知道沙漠下本是海洋,并且还生活着各种鱼类。

66 世界上最小的民族多少人?

在菲律宾棉兰老岛南部原始森林的天然岩洞里,住着一个仅有24个人的民族。他们是石器时代的遗民——塔萨代人,是古老民族部落中分离出来的最后一群人。他们与世隔绝,菲律宾政府下令,任何人不得随便进入他们居住的森林。他们没有衣服，男女都用树皮围腰，吃的是野果、树根和花朵，靠钻木取火照明、取暖，很爱护后代，过着原始的生活。

67 世界上哪些民族与笑声无缘?

沙特阿拉伯的甸蛮族人认为，笑是对神的亵渎，也是对人的极不友好、极不尊重，只有严肃呆板的脸孔才是对长辈、对别人的尊敬。因此他们禁止笑，也从来不笑。即使一对热恋的情侣，也只能平淡地交谈，不能笑，不管他们感情多么炽热。如果其中一方笑了，对方就认为是对自己的侮辱，或者是另有新欢，他们的感情会立即破裂。

非洲南部的巴苏陀族也有同样的清规戒律，他们举行婚礼时，不管宾客如何嬉闹，新娘子也不准露出笑容。否则，就意味着对父母的背叛，会受到人们的指责。

斯里兰卡的惠达族人，不是不让笑，而是根本不知道什么叫笑。任何时候也见不到他们有笑脸。有人做过试验，想用令人捧腹的滑稽节目来赢得他们的笑声，结果是白费力气。后来，人们推测，可能这个民族缺乏笑的神经，是个不会笑的民族。

68 哪里的居民几乎从不生病?

在喜马拉雅山的深谷里，聚集着一个全世界最健康的民族——洪扎族。这个民族约有六万多人，他们与世隔绝，过着日出而作，日落而息的生活。他们以素食为主，很少吃肉，常以羊奶和杏仁为主食，饮用冰河里融化了的水。他们个个健康无病，平均寿命在一百岁以上。生物学家研究表明：洪扎族人之所以长寿，秘密就在于他们吃的都是天然维生素，没有受到任何污染。

69 哪里的人不能用“讲话”来交流？

南美洲玻利维亚西部丛林中的克曼加人印第安族，四万多人没有一个人会说话。科学家对他们的舌头和口腔研究后发现，该族人的喉咙长得和常人不一样，声带的自然压缩部分不能发声讲话，致使他们只能用手势交谈。

70 现今仍保持单性群居的部落在哪里？

在南美洲的巴西边界上，居住着一个完全由女人组成的部落。那她们是怎样生儿育女的呢？原来，在离她们不远的地方，有个哈姆诺族，全是男人。每年，哈姆诺族的男人都要到女人部落来一次，同女人接触。他们在这个部落里，寻找自己心爱的伴侣，双双度过只有几天的“蜜月”，然后男人就回去了。一年之后，当哈姆诺族的男人再次来到女人部落时，他们把妇女生下的男孩全带走，女孩都留下。

Part 2 人体奥秘知多少

1 为什么看不到人类进化了?

人类的进化过程是:猴子——类人猿——人类。

可为什么到人类这儿就不再进化了呢?

有人说,按自然规律,一定会往下进化。以后的进化方式,可能是强化身体中经常使用的部位,也就是说,这些部位会更加发达,反之,其他部位就会退化。

所以科学家称,以后人类的大脑、消化器官、性器官会更加发达但手和脚就会慢慢退化,因为现在动手的机会越来越少,有了机器人后更是如此。而随着交通工具的进步,脚也用处不大了,所以会退化。

也就是说,以后的人,脑袋,胃和性器官会很大,手和脚却小得很。

天哪,真的不敢往下想,那不成怪物了吗?!

2 尸体已经化为白骨，怎么分辨性别？

警方有时会介入不明白骨的调查，他们是怎么判断白骨性别的？

法医称，主要是从骨盆的形状来判断。男性的骨盆一般都是从上往下变窄，形状像“心”型。女人的是从上往下变宽，要是横放，就像是椭圆形。因为女性要生孩子，所以骨盆横着长，比较宽。

另外，也可根据头盖骨的前头骨来判断。前头骨朝后方倾斜，是男性；前头骨从眉头往头顶直立，就是女性。

3 怎么推测白骨尸体的年龄？

发现白骨尸体，除了要确定性别，还要推测死者的年龄。法医称，这也得从骨骸着手推测。

如果是婴幼儿时期，骨骼只是软骨。随着年龄增长，慢慢硬化。到二十岁左右，就不再往下长了。也就是说，要是白骨处于成长阶段，那么死亡年龄就不够二十岁。另外，也可根据骨骸的大小推测。当然，推测只是一个大概范围，不可能太精确。

4 新闻报道中“深 X 公分的伤”，是怎么测量出来的？

翻开报纸看社会新闻，一些杀人放火的报道中，经常会有“深达 X 公分的伤”这样的字眼，这种伤口的深度，是用什么方法测出来的呢？

其实这个并不是什么难事，专科医生只需凭经验，一看伤口，就能判断深度。而且这种目测不只是用于面积大的伤口，小伤口或者还在出血的伤口，都可以用目测来判断伤口的深度。

还有一种方法，就是根据伤人的利器种类，来推测伤口的深度。在报道中我们只看到几个字，但这里边包含的是医生丰富的经验。

5 真的是男孩像母亲，女孩像父亲？

在民间，经常听到这样的说法，女孩一般都长得像父亲多些，而男孩则长得像母亲多些。而且很多人都没怀疑过这种说法的科学性。

其实，从遗传学上说，这种说法是没有根据的。人们之所以相信，更多的是心理作用。

在人们惯性的思维中，男孩一般都比较依恋母亲，而女孩更愿意缠父亲。所以这个思维定势，一路演变，就成了男孩像母亲，女孩像父亲。

6 为什么人大多都习惯用右手，而不是左手？

在日常生活中，人们大都习惯用右手劳动、写字、拿筷子、提东西、打球等，生理学把这种现象叫做“右利”现象。据生物学研究，人们习惯用右手，是在长期的劳动中渐渐养成的。在很早的石器时代，人们成群结队，手里拿着石斧、石矛同野兽搏斗。在交战时，人们本能地弯着左手来保护胸膛左侧的心脏，而用右手拿着武器冲向野兽。由于人们经常使用右手，渐渐地人们左边的大脑半球的灵敏性也就比右边的稍高些，而这又反过来促使人们更经常地使用右手。久而久之，“右利”的现象就不仅成了后天的习惯，而成了先天的遗传了。现在，即使有些儿童用左手执笔书写或拿筷子吃饭，老师和家长也总是让他改过来。

7 男人和女人谁的听力强？

这个问题，不可一概而论，有些方面是男人的听力强，而有些方面则是女人的听力强。最新研究表明，女人容易从寂静中分辨出高音调，而男人则能较好地辨别声音从何处来。女性听力明显受激素所影响。在女性排卵期间听力最敏锐，而在行经期则与男人的听力相当。

8 为什么人长大后就不尿床了？

可能很多人都知道，小孩子都会尿床，长大之后就自然不尿了。但这到底是什么原因，可能大部分人都不知道。

科学表明，突然性地尿床，其实是小孩发出的一种寂寞的信号，主要原因是母亲在忙自己的事，没有时间陪他玩。要是尿床之后，又被母亲骂了一顿，有的孩子就会转变成精神官能性的尿床。要是母亲好言相抚，长时间陪他，尿床就可能停止。

一般说来，小孩在七岁之前，因为尿意的感觉神经还没有发育完全，这时尿床，是一种正常状态，父母不用过多担心，只需注意小孩为什么会尿床就行了。

儿童的神经系统、荷尔蒙分泌系统的发育，虽各人不同，但一般来说，到了小学时期都会正常运作。而随着年龄的增长，尿床也就成为往事了。

9 在公交车上站着打瞌睡会倒下吗？

在广州这样的大城市生活，每天早上早早起床上班，经常是哈欠连天，加上公交车的单调晃动，更加引人入睡，所以很多人都会趁坐车这会儿打瞌睡，没抢到座位的，站着也能睡着。

于是就会出现有趣的场景：站着睡觉的人，身体随着车的行进摇来晃去，可他就是不会突然倒下去。有时眼看就要倒下去了，可马上他又晃回来取得了新的平衡，而人却还是睡着了的样子。

很奇怪是吧？其实，就是因为人耳朵深处的内耳中，有一个“三半规管”，主要功能就是维持身体的平衡，里边还有同样有平衡作用的耳石和淋巴液，在人体失去平衡的一刻发挥作用，本能地使身体恢复原来的姿势。因为有“三半规管”的工作，所以在公交车中站着睡觉，身体也不会倒下来。

10 人在撒尿的时候为什么会打冷战

这是人的生理反射，也可以说是本能，人固有的生理机能和条件反射。这种情况也更多地发生在尿液充足的小便时刻，人的膀胱贮存尿液，控制排泄的肌肉先处于松弛状态，突然紧张用力，触发了神经系统产生反应，从而哆嗦。

如果注意观察小孩（特别是小男孩），他们在儿时小便的时候就经常会打冷战，即使是夏天天气很热的时候，小孩容易很急才小便，由于突然释放出大量尿液，膀胱部分的压力感觉飞快被释放，也容易哆嗦一下或者几下。其实女孩也会发生类似情况，只是不容易被看到。

冬天由于寒冷的缘故，更容易发现这种情况，成人也经常见到这样的反应。

11 人过度疲倦时，尿液会变黄吗？

先来搞清楚尿是什么。尿其实就是从人体里排出来的液体垃圾，人体内部的各种废物溶解在里边，一并排泄出来。而尿液的颜色，因为每天所溶的废物不同，也会有深浅等区别。

医学表明，尿胆素决定了尿液颜色，因为它能分解人体中衰老的红血球，然后排出体外。而红血球是有颜色的。还有就是尿色素，它的功能是分解蛋白质。这两种色素，都是黄色的，要是尿里面含的这两种色素多，那么尿就比较黄。至于人过度疲倦时，会使尿液变黄。这种说法不科学。

12 泡澡对身体健康有好处吗？

世界上最喜欢泡澡的人，肯定是日本人。欧美人对泡澡一点兴趣都没有，他们主要靠淋浴解决洗澡这事。

只从清洁角度说，淋浴足以洗掉身体的污垢，但如果从身体健康角度看，泡澡其实蛮有好处。首先，泡澡可以缓解紧张的神经，放松心情；其次，泡澡还可以改善血液循环。在泡澡中我们都会有一种体验，就是很想拉尿，这就是新陈代谢时需要排泄废物的表现。

研究表明，在热水里泡一次澡，耗费掉的体力，相当于快跑四百米。所以，对平日缺乏运动的人来说，泡温泉就是一种很好的锻炼。

13 哪根手指的指甲长得最快？

在人的手指中，哪根手指的指甲，长得最快？

人手长指甲，其功用主要是使指尖较为牢固，便于手部的各种动作，它的存在不是为了保护皮肤，而是方便手指活动做事。

通过这个功能定位，我们就可能推断出，中指的指甲，其生长速度最快。因为这根手指最常用，而且因为它最长，所以不管做什么事，总是它最先接触各种物品。另外，在做事情的过程中，我们细心一点也会发现，中指是用力最多的手指，这样就需要有更多的能量来支持它。所以，中指指甲磨耗大，但也长得快。

14 脚趾和手指哪个更受重视？

近年来满街都是洗脚城，漂亮的妹妹拿着一双双臭脚洗来洗去。长期辛劳却一直不受重视的脚，终于有了出头之日。

要是从前，脚根本就不可能有这等待遇。比如脚趾和手指，差别可是太大了。你看啊，拇指、食指、中指、无名指、小指。每根手指都有名字。可脚趾呢？除了从解剖学角度，有拇趾和小趾之分，另外几个脚趾都没名，只按排行称：第二趾、第三趾、第四趾。老师教学生讲卫生，头一条就是"勤洗手"，没人说要经常洗脚。现在有的人，可能几天都不会洗一次脚，搞得一脱鞋子就臭气熏天。可见脚趾远不如手指受重视。

因为不受重视，脚天天生闷气，所以后来就有了一种新的毛病——脚气。

15 屁股上也会长青春痘吗？

在南方潮湿的天气，长时间坐在皮沙发上，血液循环不足，无法抵抗细菌，屁股就会痒。严重时会出现一片痘痘开花的景象，医生开玩笑说，那是屁股上长的青春痘。

屁股上怎么也会长“青春痘”呢？其实原因很简单，因为屁股上有许多汗腺、毛细孔，特别容易出汗，加上长年穿着内衣，通风透气性不够，一旦天气潮湿，细菌便会侵入毛孔、汗腺，让人产生痒感，并不得不用手去抓。

于是，屁股“青春痘”就产生了。

16 清除肚脐中的污垢，肚子会痛吗？

老一辈人总是对孩子们说，不要用手挖肚脐中的污垢，那样会肚子痛。真的是这样吗？

专家说，这种说法是没有科学根据的。而且，从个人卫生角度看，肚脐还是需要定时清洁的，那些由汗水、分泌物、灰尘等脏东西积成的污垢，留在肚脐里什么好处都没有，还是动手清理掉比较好。

可是，为什么会有“清理肚脐污垢会肚子痛”的说法呢？

其实，老人们这样说，并不是说污垢不能清理，而是说肚脐和肚子内脏，只隔了薄薄的一层皮，所以不能乱挖一气，免得挖伤了，引起腹膜炎。另一方面，肚脐是母体给胎儿输送养分的通道，是神圣的部位，不可随便用手去挖。

17 秃头剪发是不是比较不划算？

因为秃头会想，我只有这么几根头发，可理发费却不见少一点，真的

很不公平！

不公平吗？其实不然。对理发师来说，宁愿理长头发，也不愿给秃头理发。因为头发少的人，在做造型方面，限制比较多，理起来反而更放不开手脚。要是一不小心把顾客头上不多的几根头发弄掉了，那可不得了！因为，你还真不知该怎样赔偿。

理发师称，对头发不多的人来说，理发费反映的是理发的难度和理发师的水平啊！

18 人类身体上的很多器官或部位本来就不对称吗?

科学早已表明,人类的身体,有多器官和部体都不是完全对称的,耳朵、眼睛、手等,大小都不会完全相同。女人的乳房一边大一边小更是自然现象。一般来说,左胸发育较差,这是因为肋间神经的影响。据说,左胸肋间神经的神经支配、血液循环都比较差,因此左胸也容易产生乳癌、胸部发炎等问题。

当然,经验丰富的女性,由于懂得用按摩的方式促进左胸的血液循环,可能会保养得对称一些。

19 眼睛感到疲倦时,主要是哪部分疲倦?

成天对着电脑上网,或者长时间看书读报,眼睛便会产生酸涩之感,想闭合却又没有睡意,想接着看书,又看不清楚文字,这个时候,便是眼睛疲倦了。

谁都知道眼睛会疲倦,可到底是眼睛的哪个部分疲倦?是瞳孔吗?当然不是。

感到疲倦的,其实是调节眼球水晶体的那个叫睫状肌的部位,它就在水晶体的上下侧。

当眼睛专注地盯着书本、杂志或电脑时,一般距离都在三十厘米左右,在这个距离内对焦,睫状肌就要收缩,只有这样,水晶体才能使焦点距离接近对焦。

长时间看书,睫状肌就长时间地收缩,肯定就会感到疲乏。所以医生从来都建议人们看书不要太久，要看一会儿，就放下书本，朝远处眺望，这样可能使睫状肌得到放松，消除疲劳和紧张。

20 活人的头盖骨也有裂痕吗？

对骨头裂开的伤者，医生会用石膏给予固定。众所周知，死人的头盖骨是有裂痕的，可有多少人知道，其实活人的头盖骨也有裂痕？

其实，所谓头盖骨的裂痕，就是接合点上的锯齿状，那些锯齿紧密连接，密不可分，只是看起来像裂痕，并不是真正的裂痕，更不是真的裂开了。要是活人的头真有裂缝的话，不知还活不活得成？

但也可能有人的头裂了缝，要不然就不会有“脑子进水”这一说法。哈哈！

21 脸和头有分界线吗？

很多人都把颈项以上的叫头，而把脸当成了头的一部分。

也有人说，头就是有头发的部分。脸就是眼、鼻、口等器官的这部分。可如果是秃头呢？一根头发都没有，莫非就没有头了么？

看来还是得按解剖学来回答这个问题：头和脸是有分界线的——从鼻子根部，经过眉毛，到耳孔的曲线。

很意外吧？按这个划分法，两个耳朵除了耳垂外，都不属于脸的部分。解剖学就是这样分的，耳朵位于“侧头部”。

22 人在伤心的时候为什么会流眼泪?

美国明尼苏达大学心理学家威廉·佛莱从心理学和生物化学的角度,对流泪行为进行了比较全面的研究。他把流泪分成反射性流泪(如受到洋葱刺激)和情感性流泪两类。五年时间里,他用特制的小试管收集眼泪,对眼泪样品进行分析测试,结果他发现,情感性流泪的泪水中含蛋白质较多,而反射性流泪的泪水中含蛋白质较少。在这些结构复杂的蛋白质中,有一种据测定可能是类似止痛剂的化学物质。根据这一结果,佛莱推测,流泪可能是一种排泄行为,能排除人体由于感情压力所造成和积累起来的生化毒素。这些毒素如果不通过流泪排出,留在体内,将对健康不利。情感性流泪排泄毒素,使流泪者恢复心理和生理上的平衡,因而对健康有益。

23 眼睛不怕冷吗?

天冷的时候,我们都会多穿衣服,甚至会戴上帽子、耳罩,把脸蒙起来,恨不得把自己全身都裹起来,可是,还是会留出眼睛在外面。也许有人会说,留着眼睛在外面是为了方便看东西。确实,一个原因是为了方便看东西,但仔细想想,你的眼睛有感觉到冷过吗?是的,眼睛是不怕冷的,因为眼球上面只有管视觉和痛觉的神经,却没有管冷热感觉的神经,所以眼睛可以看东西,也可以在受伤的时候感觉到疼痛,但是不会感觉到冷热。此外,眼球的角膜没有血管,散热也很慢。所以眼睛也就不怕冷了。

24 真的是“左眼跳财，右眼跳祸”吗？

俗话说“左眼跳财，右眼跳祸”，是说如果人的左眼眼皮跳动，就预示着可能会有意外之财，而如果是右眼眼皮跳动，则预示着可能会有不好的事情发生。

其实，眼皮跳主要是因为眼睛周围的肌肉受到刺激，而引起的跳动。一般而言，没有休息好或用眼时间过长，眼结膜发炎，还有眼睛突然受到强光刺激等情况比较容易出现眼皮跳动。一般眼皮跳动一会儿，自然就好了，如果觉得不舒服，可以用热毛巾轻敷眼睛，很快就不跳了。

25 睡觉磨牙是怎么引起的？

为什么有些人睡觉会磨牙呢？一是可能是体内长了寄生虫。由于寄生虫的扰动，使得肠壁受到刺激，引起咀嚼肌的发射收缩导致磨牙；二是可能营养不均衡。有些人偏食、挑食，因而营养不均衡，缺乏维生素和微量元素，也容易引起咀嚼肌的不自主收缩导致磨牙；三是可能是情绪不稳定，太紧张导致磨牙。

26 大便都是黄色的吗？

有句俗话说“吃什么拉什么”。但实际上，我们会发现，我们不管是吃的什么，拉出来的大便几乎都是黄色的。

因为我们吃进嘴里的东西都要经过消化系统的消化，其中的营养成分会被吸收，而没用的残渣就会排出体外，也就是大便。在消化吸收的这个过程中，体内的肝脏会制造出含有胆红素和胆绿素的黄绿色胆汁，经过一系列的化学反应，胆汁就让那些残渣都变成了黄褐色，所以我们的大便都是黄色的了。

但是，并不是所有的情况下，大便都是黄色的，比如吃了比较多的猪血或者动物内脏，大便就会呈现黄黑色，而吃了大量的蔬菜，大便也可能呈现绿色。还有，如果发现你的大便颜色不是黄色，而是出现其他不正常的颜色，最好去看看医生，因为你可能生病了。

27 挠自己痒时为什么不会笑？

相信大家都有这样的体验，当别人替你挠痒痒的时候，你会因为感觉到痒而大笑不止；但当你自己给自己挠痒痒时，却从来感觉不到痒，更不会笑出声，这是为什么呢？

痒是一种应激反射，怕痒的部位一般都是人的要害部位或神经末梢密集的地方，这些地方一旦为外物接触，就意味着潜在威胁，脑部就会发出指令，要躲避这种威胁。

也就是说，怕痒是人类的一种与生俱来对抗恐惧的本能反应。当人自己挠自己时，人的小脑不会发出警告信号，大脑和其他部分，就不会对这种刺激给予反应了。但是，当被别人挠痒时，即便人预先知道，但小脑还是会发出警告信号，引起大脑对外来刺激作出应激反应，人就会觉得特别痒了，要是挠痒的程度再强烈一点，就会大笑出声了。

28 人在走路时为什么双手总要前后摆动？

走路时出左脚摆左手，一定会被人嘲笑。自然摆动的手，一定是和往前跨的脚相对的，比如左手和右脚向前，右手和左脚在后。可能从人类的祖先直立步行开始，就一直这样走。

人在弯曲左后脚时，右前脚马上就会反射性地向前伸展。有人说，要是能让动物只用后脚行走（比如猴子），它的前脚就会像人的双手一样前后摆动。人类学家称，这个动作足以证明人的双手是从前足演化过来的，进化前的人和四足动物一样，伏在地上行走，后来直立了，手还是保留了当年趴在地上的摆动习惯。

29 人体温度达到 42℃就会死亡？

体温计最低 35℃，最高只到 42℃。因为医学证明，人类体温一般都是 35℃~36℃。低烧时 37℃，38℃以上就是高烧，得看医生，好好休息；要是烧到了 41℃，简直就要命，肯定会说胡话，进入昏迷状态；再高到 42℃，完了，人都要烧死了。所以，为活人设计的体温计，刻度最高是 42℃。

气温计却不同，在莫斯科街头有个超大的温度计。所有经过的人，都可以从上面看这天的气温，因为莫斯科的夏天热得要死，所以，这个温度计的刻度范围，最低是 −50℃，最高是 50℃。50℃的高温，会不会热死人？完全有这种可能。

30 人喝醉了酒之后，为什么老是想上洗手间？

朋友聚会，喝酒是必不可少的内容，于是经常有人喝得东倒西歪，不停地往洗手间跑。可能醉过酒的人都有这样的体验吧？

为什么会这样呢？因为酒精（茶、咖啡）本身就有利尿的作用。而喝酒之后尿更多，那是因为：

一、酒是什么，酒就是水加酒精嘛，人喝酒，其实就是喝水，喝多了水，尿当然也就多。

二、酒精有扩张血管的作用，这样水分吸收力就会增强，可以促进血液循环。而这也是产生尿意的一个原因。

三、一般说来，成人的膀胱，只要累积 200 毫升水分，就会自然地产生尿意，喝醉酒的人，对涨尿的感觉不太敏感，可能会到 400 毫升，才觉得要上厕所。当然，也有的人老觉得想尿，可跑过去却又尿不出多少，等回来不多会儿，又想尿。

总之，酒醉多尿是人体生理机制的正常反应。

31 呼吸出来的气里都是二氧化碳吗？

要是哪个人溺水了，抢救方法之一就是使用人工呼吸法，施救者的嘴巴对着溺水者的嘴巴吹气。按通常的理解，这不是把二氧化碳吹进对方肺部里去了么？不是害死了人家？

是的，人们说的呼吸，就是指吸进氧气，呼出二氧化碳。可是，呼出的气体里面，一样有很多氧气。

空气里的氧气约占 20%，二氧化碳占 0.03%，剩下就是氮气。当空气进入肺部，氧气就会附着在血液里的血红素上，在体内环游，把废弃的二氧化碳排出来。

呼出的气中，氧气占 16%，二氧化碳占 4%，剩下的就是氮气。所以，呼出来的氧气还是比二氧化碳多。

32 指甲一天能长多长？

指甲是从肉里长出来的，所以除了看得见的“甲片”部分，还有皮肤覆盖部分，这部分的指甲，就叫“甲母质”，两者相加，就是指甲。

包住甲母质的表皮，叫“甲上皮”，表皮细胞就在这儿生长，供甲母质吸收使用，让甲片生长。指甲生长，其实就是因为甲上皮的细胞分裂所致。指甲一天大概可以长 0.4 到 1.6 毫米左右。

33 人为什么闻不出自己的口臭？

屁和口臭都是人体内产生的气体，两者都让他人避之不及，可当事人的反应却不一样，多数人都可以闻到屁的臭味，却没法知道自己口臭。

为什么会这样呢？

原因很简单，屁从体内排出时，当事人肯定会有感觉，而臭味如昙花一现，只是臭那么一会儿，所以当事人能分出空气不对头。但口臭却是随时都在发散，鼻子早就闻惯了，麻木了。

那么，怎么样才知道自己有没有口臭？方法也很简单，只需往杯子里吹一口气，然后用手盖住杯口。紧接着深深呼吸空气，马上对着杯子闻里边的气味。这样反复几次，就能觉察出有无口臭了。

当然了，做这个事最好不要当着他人的面。除非你的性格很无厘头。

34 正常人每天放多少个屁？

肠子总是在不断地蠕动着，这样就会有气体从肛门排出，就会放屁。放屁是肠道正常运行的一种表现。如果不放屁，或放屁过多、过臭，则为一种异常现象。如果长时间不放屁，腹部发胀如鼓，说明腹部胀气，这就要考虑肛门直肠是否有炎症、肿瘤、便秘、痔疮等。正常人每天要放5~10次屁，约排出500毫升的气体。当放屁量大大多于平时，则有可能会有消化不良、胃炎、消化性溃疡等胃部疾病及肝、胆、胰疾病等。此外，还可能是进食的原因，如进食过多的豆类、薯类与蛋白质类食物等，此类情况均不属病症，只需减少淀粉类食物，使饮食达到平衡。

而屁臭的程度不仅与所进食的食物相关，也与人的身体健康状况密切相关。如果你的屁很臭的话，一般有两个可能：一是你吃的荤菜太多，和素菜不搭配；二是你的肠胃出了问题，要警惕。

35 屁可以燃烧吗？

这听起来有些耸人听闻，但却是事实。屁是一种危险的气体，屁中所含的氢有时会高达47%。因此，科学家提出告诫，在这种情况下，便要严禁烟火，一丁点火花都可能引起爆炸。但也不必惊慌，屁中的氢并非总是保持在引爆的临界值，而且进入空气的屁又会很快被稀释。正常情况下，屁的主要成分是氮，约占屁的23%~80%；其次是二氧化碳，约占20%；再次是氢、甲烷和氧等。但在某些特定的场所，对屁仍不能掉以轻心。比如在航天飞船上，宇航员放屁就有可能引起火花，其后果不堪设想。为此，美国国家航空宇航局为了解除隐患，还专门设立课题，划拨经费，对屁进行全面、深入、系统的研究：摄食何种食物，才能使宇航员在飞行的过程中少放屁，以防患于未然。

36 可以利用骨灰人工合成钻石吗?

理论上说是可以的。大家都知道钻石就是碳，而人的骨骼是有机物,也就是碳氢化合物,也含有碳,提炼出骨灰里的碳,再合成钻石并非不可能。

实际上,美国芝加哥的“Life Gem”纪念品公司宣布他们已经发明了一种技术,把尸体焚化后的骨灰变成钻石,作为珠宝让亲属戴在身上,既是一种美丽的装饰,又是家人对死者最好的纪念。该公司负责人格雷格·希罗说他们的创意是基于这样一个事实,那就是所有动物体的主要成分是碳,而钻石的主要成分也是碳。当人死后,墓碑和骨灰盒当然不方便带在身上,亲属无法与死去的亲人天天待在一起,而如今这家公司把死者的骨灰变成蓝色钻石,做成首饰让亲人戴在身上,很好地解决了这一问题。

不过,依据传统的中国理念,要接受把亲人的骨灰合成钻石,并佩戴在身上是一个比人工合成钻石更大的难题。

37 高原人为什么没有高山反应?

住在平原的人,要是去到高原上,就很容易产生高原反应。因为住平原的人,体内的红血球比较少,加上到了高海拔地带,血红素活动会变得迟缓,所以无法供给身体充分的氧气,人体就会产生窒息感。具体反应就是耳鸣、头痛、目眩、呼吸困难、思考迟缓等。

高原人为什么没有这种情况呢?因为他们的身体已经适应了稀薄的

空气，血液中的红血球比较多，能高效率地传送不多的氧气，让身体不会缺氧。

38 真的有人“脸皮厚”，而有人“脸皮薄”吗？

通常，“脸皮厚”是骂人的话，意思是指对方不知羞耻、不要脸等，并不是真的因为对方脸皮厚。事实上，人的脸皮，的确有厚、薄之分。

医学表明，人的脸皮厚度(含皮下脂肪)，会随着年纪的增长而加厚。9 个月大的婴儿，脸皮大是 0.04 毫米。到 15 岁左右，脸皮厚度大约为 0.07 毫米。35 岁时，则达到 0.1 毫米。由此可知，中年男子的脸皮，的确比青少年要厚一些。专家称，在人的身体上，脚底皮肤最厚，眼部的皮肤最薄。

39 现代的剖腹产对婴儿有益处吗？

婴儿出生的样子是这样的：弓着背、低着头、缩着手脚，小小的身体尽量地缩小，只有这样，才可能从窄小的产道里生出来。

可想而知，用这种姿势，为的是能更顺利地通过狭窄的产道，但这对婴儿来说，肯定也是一个痛苦的过程，不时也会有婴儿堵塞在产道中，出现难产等紧急状况。但医学研究表明，在这个艰苦的过程中，婴儿经历了狭窄产道的挤压，脊髓及周围神经节就会产生强烈的刺激，经由脑的传递，直接影响呼吸中枢，于是婴儿一生出来就哭声响亮，这对提高新生命的活力指数大有裨益，也是自然规律。

现代的剖腹产为母子安全着想，有其人道的一面，但对婴儿的后天生长来说，并不是什么好事情。

40 “同母异父双胞胎”是怎么回事？

多年前，广东东莞有一个女子，生了一对双胞胎，等长大了点，两个小家伙的长相和性格差距很大，孩子父亲越看越不对劲，去做亲子鉴定，原来其中一个不是他的孩子。为什么双胞胎却有不同的父亲呢？

有关医学专家称，世界上有少数女性的子宫形状很特殊——一般子宫的形状，有点像西洋梨，要是在胚胎发育初期，子宫左右两边出现障碍，产生“隔板”，形成牛角状，就是所谓的双角子宫。双角子宫的左右卵

巢，有时会同时排卵，要是拥有这种子宫的女性，在数小时内，接连和两名男性发生性行为，就可能出现两个卵子分别受精的情况，并在同一子宫内发育成形，于是便有了“同母异父双胞胎”。

当然，这种机率很小，真让谁碰到，也只能说是“纯属巧合”。

据说前几年美国真也有过一桩“同母异父双胞胎”的怪事，后来一查原因，原来是那个女子在同一晚上，和两个男子发生性关系，刚好她又是双角子宫，结果就巧合了一次。

41 男性也会患乳癌吗？

男性也该常用手摸摸自己的乳房，这不是变态，也不是自恋，而是检查里边是不是有硬块。因为男性也会患乳癌，只不过比女性的机率要低，只占乳癌患者的 1%。

乳癌这种病，主要是因为乳腺肥大引起的。人妖容易患乳癌，就是因为变性时注射了太多女性荷尔蒙。男人得这种病的年纪，一般在 52～63 岁，比女性患病年纪稍大。

还有一个麻烦，就是手术后，男性容易复发，女性的复发率是 35%，男性比这个更高，死亡率也很高。所以男性患乳癌，情况会更糟。

42 催眠能让失眠的人熟睡吗？

神经衰弱导致失眠，可以说是现代人的家常病。在睡不着的情况下，能借助催眠术解决问题吗？

是的，催眠师有办法让人产生睡意，进入睡眠。他甚至可以让失眠者很快进入梦乡。可是，这并不是真正的睡眠。催眠与睡眠，实际上是两回事。睡眠一般可以分为快速眼动睡眠和非快速眼动睡眠。前者是指浅睡，常做梦；后者是熟睡状态。两种状态者以九十分钟为一个周期，反复循环四五次，这样，人的身心疲劳，便可得到消除，体能得到恢复。

通过催眠术获得的睡眠，其特点就是脑波始终处在睡眠初期的状态，没有循环的周期。虽说身体也能得到一定的休息，但大脑却无法获得应有的休息。所以说，催眠术没法让人进入真正的熟睡状态。

43 为什么开始感到肚子很饿，忍一下之后，就不那么饿了？

工作太忙的时候，可能顾不上按时吃饭。刚开始可能饿得不行，可坚持一会儿，又觉得没先前那么饿，为什么会这样呢？

科学表明，每个人对味道、温度、饥饿的感觉，其实都是习惯，也就是说，当你习惯了、适应了，你的反应就不会那么强烈。比如饿的感觉，待一阵反应就会降低。

如果是绝食，虽说也没什么饿的感觉，但却是另一种情况：因为人的胃空了一天没进食，就会分解体内脂肪支撑人体机能运作，这时，胃里就会产生“酮体”物质。这种物质会麻醉食欲中枢神经，可以降低饥饿感。

44 近视太严重会成瞎子吗?

按规律,近视都会慢慢地加深,可是,这么慢慢地加下去,有一天眼睛会不会瞎掉?

其实不用太担心,因为从医学上讲,无论近视怎么加深,都不可能导致失明。

为什么这样说呢?因为近视的原理,是眼球的前后直径变长了,使焦点对不上,所以造成近视。而失明的条件是,视网膜被损伤,或者视网膜很脆弱,这样才可能造成失明。近视并没有损伤视网膜,所以不会失明,只是眼镜片会越来越厚,像玻璃瓶底那样,让人看着觉得很滑稽。

45 人的体温靠什么维持?

人死了,身体就会变冷。只有活人的身体才是温暖的。那么,人体的温度是靠什么东西维持的呢?

有关研究表明,人体的温度源于人吃东西时得到的能量,这种能量通过肌肉的运动,转化为热能。这种肌肉运动不一定是有意识的,人体的不随意肌,是不受意识控制的运动肌肉,它也随时产生热能。而有意或无意识的肌肉运动,所产生的热能,就维持了人的体温。

冬天太冷时,身体会自然地发抖,发抖也是一种肌肉的运动,也会产生热能,以保持身体的温暖。就算是在睡觉,肚子也会饿,原因就是肌肉运动,消耗了食物产生的能量,而转化的热能维持了体温。

46 为什么心脏不会生癌？

胃癌、肝癌、肠癌、肺癌……心脏癌，心脏癌？有心脏癌吗？答案是没有，可是为什么心脏就不生癌呢？原因在于心脏以外的组织细胞都具有增殖机能，即使受了伤，只要过一段时间就能痊愈，癌细胞也是这些组织的一部分时，也会增殖，并破坏周围的组织。然而心脏的细胞却较为特殊，它不具备这种增殖机能，所以癌细胞就无法侵袭心脏。

47 人变胖了，地球会加重吗？

想当然地，我们变重了，地球自然也跟着加重了。如果真这样想，那就闹笑话了。

事实上，自然界的能量守恒定律阐释了能量守恒：能量既不会增加，也不会消失，只能从一种形式转化为另一种形式，或者从一个物体转移到另一个物体。也就是说，地球上的任何东西都不应该无缘无故的减少，包括空气和水分。地球上的各种矿藏，只是以不同的形式存在，而且总量应该固定不变，我们能够改变的只是它的存在形式。当一种新的物体出现时，它必定是以消耗另一种物体为代价。

如果有东西产生，就有东西消亡，比如有人死亡，就有小孩出生和成长。如果地球变重的话，只能是外来的大陨石坠落，或是许许多多 UFO 进入地球等等

所以人们变胖就有食物消失不见，而地球的重量是不会有任何改变的。

48 眉毛为什么长不长？

眉毛和头发都是裸露在外的，为什么眉毛不像头发那样越长越长呢？

因为不同的毛囊内长出毛发的周期各不相同，所以每一种毛囊只能长出一定长度的毛发，到达这个长度时，它们就会停止生长，并自行脱落。眉毛之所以长不到头发那么长，就是由眉毛毛囊的特征而决定的。

眉毛的生长期约为 2 个月，休止期可长达 3～9 个月，之后便自然脱落。而头发每日生长约 0.3 毫米，3 天长 1 毫米左右。阳光照射能加速头发生长。每根头发的寿命一般为 2～4 年，最长的可达 6 年。假如连续 50 年不理发的话，可长至 6 米以上。据说，印度有一个世界上头发最长的人，他的头发竟长至 7.9 米。

49 听自己的录音，为什么不像是自己的声音？

上电视或到电台做节目，听到自己的声音，很多人都觉得奇怪，那是自己的声音吗？怎么听起来像是别人的？有的人还因此怀疑电台的设备质量有问题。其实，那就是自己的真实声音，认识的人都觉得没什么区别，只有自己听起来觉得不对劲。

真是奇了怪了。为什么会这样呢？原来，人声由声带发声，由喉咙或口腔共鸣，声音因此变大，然后才传到其他人的耳朵里。可本人听到的声音，却是由自己的下颚骨，或者耳朵附近的骨骼共鸣的。因此，自己和他人听到的声音，有一定的区别。

50 100℃高温的蒸汽浴不会烫伤人？

想一下，要是把人扔到100℃高温的开水里去，肯定会被烫死，那么，100℃高温的蒸汽浴会烫伤人吗？

可以肯定地回答，不会。不仅不会，人在里边，反而会感觉很爽。

都是100℃高温，为什么差别就这么大呢？

主要原因是湿度不同。开水的湿度热传导率很高，所以人会烫伤。蒸汽浴湿度却只有10%多点，热传导率比较低，伤不了人。加上人在蒸气室里会流汗，汗水汽化散热能调节体温，所以人体皮肤不怕100℃高温的蒸汽浴。

51 人脸左右表情是一样的吗？

可能很多人都不知道，自己的脸非但左右不对称。而且右半边的脸和左半边的脸，在同样的时间里，连表情都不一样，这真是天下奇事！

有人说，不对称是因为“惯用手说法”。人们惯用右手，所以右手比较长，而右边脸也会比左边脸脂肪多。

又有人说，表情不一样，是因为“左右脑说法”。左脑主要是逻辑思考，右脑则是情绪思考。而身体的反应，却和大脑相反。也即是说，右半边脸表现出来的是左脑的表情，左半边脸表现出来的是右脑的表情。所以，一般说来，左脸表情温和，右脸表情冷峻。

或者我们试一下，看看身边这人的左右脸，是不是真的一边在笑一边在哭？呵呵。

52 智慧牙是否从一开始就是多余的？

平常我们听牙医说，智慧牙可有可无，它长在口腔最深处，不痛就不理它，要是痛，就一拔了事，不会影响吃东西。既然是多余的牙，为什么还会长出来呢？莫非就是为了让牙医赚钱？

其实，对古人来说，智慧牙非常重要。茹毛饮血，如果没有智慧牙，根本就没办法生活，因为智慧牙可以帮助人咀嚼坚硬的东西。

随着社会文明的进程，人们吃的东西越来越柔软，咀嚼功能因此开始退化，下颚也慢慢变小。智慧牙生长的空间也渐渐消失了，也派不上用场了，于是就成了可有可无的多余牙。

多少年之后，智慧牙会不会退化掉呢？完全有可能。

53 血管看上去是绿色的，为何血却是红色的呢？

看看皮肤里边的血管，是一种接近绿色的颜色。而人受伤时，从血管里流出来的血，却是红色的，这是为什么呢？

红血球、白血球、血小板，还有血浆，是人类血液的组成部分。血的红色，主要是因为红血球中含有血红素。这个血红素处在肺部，它吸收氧气之后，再把氧气输送到身体的各个组织。而含有氧气的血红素，是鲜红色的，等氧气输送完后，又变成暗紫红色。

我们看起来是绿色的血管，其实就是暗紫红色的静脉，只是因为透过皮肤和血管壁看时，就有点像淡绿色。

54 为什么有人戒烟后很快就会发胖？

香烟的尼古丁，会促进肾上腺素分泌，这时血糖就会上升，由此可以降低饥饿感。要是人饿了，抽支烟，很快就会来精神，觉得没先前那么饿了。抽惯烟的人，要是一戒烟，就会经常感到饥饿。没有烟味对舌头麻痹，味蕾就会恢复正常，吃什么都香，可能连自己都没发觉，就吃了很多。

当人戒烟之后，没有了尼古丁，肾上腺素分泌减少，代谢速度就会回到人体正常水平，结果皮下脂肪就比以前增多。加上吃很多东西累积的皮下脂肪，所以瘦子也会很快变胖。

55 早上喝酒为什么容易醉？

不大喝酒的人可以试一下，等量的酒，晚上喝可能还行，要是早上喝，就感觉得有点醉。为什么会这样呢？

有科学家做过相关实验，发现在人早上精力旺盛的时候，酒喝下去后，血液中的酒精浓度上升速度很快，而晚上人处于休息状态，喝酒后，血液中的酒精浓度上升就没那么快，浓度数值也就比较低，所以没早上那么容易产生醉意。

56 一个正常人可以几天不睡觉？

据说，在第二次世界大战期间，为提高战斗力，美国陆军就搞过一次不睡觉的实验。几百名士兵参加了这个实验，所有参加者都不准睡觉。

本来以为身强体壮的士兵，怎么着也能顶几天，没想到才坚持了一天，就有人支撑不住了。到第三天的时候，大家都睡着了。等第四天的时候，谁也不想再实验下去了，集体弃权。

可是，我们身边的麻将高手们，不是经常几天几夜不下牌桌子吗？原因是，他们集中精力赌博，拼命坚持。而且他们也不是真的就不睡，有时也会让别人顶一会儿，缩在墙角打个盹。

57 为什么很多人都喜欢睡回笼觉？

早上起床后，很快又回到床上再睡一觉。这个就是人们所说的回笼觉。好像每个人都喜欢睡回笼觉。

科学实验表明，早上的回笼觉属于浅睡眠，这种睡眠状态，和一整晚的深度睡眠感觉不一样。深度睡眠可能是什么感觉都没有，而回笼觉这种浅睡眠，视觉和听觉都能感受到周围环境的变化，身体有一种漂浮感，就像游走在梦境与现实之间，所以觉得特别有快感。

这就是很多人喜欢回笼觉的原因。

58 裸睡为什么比穿着衣服睡要暖和？

冬天很冷，不少人会穿几件衣服睡觉，可是，老是觉得越睡越冷，而脱了衣服裸睡，竟比穿着衣服要暖和。为什么会这样？

实验表明，穿着睡衣钻进被子，棉被里的温度一直都比较稳定。要是裸身钻进去，棉被里的温度在十五分钟后，就会自然上升。

原因是，棉被都是“湿润热”性质，它会吸收掉被子里边的水分，包括人体发出来的热气。裸睡时，体温的热气会被棉被吸收，并因此散发出湿润热，结果棉被的温度就升高了。

如果穿着衣服，人体上的热气会被衣服吸收，而衣服不能散发湿润热，感觉上就是凉冰冰的。

所以，冬天不要穿太多衣服睡觉，实在太冷，宁可把衣服脱下来盖在被子上。

59 什么脸型的人晚上容易打呼噜？

人睡着后，嘴里的肌肉处于放松状态，舌根会进入喉咙深处，堵住一部分气管。于是呼吸空气就有点困难，这就是打呼噜的原因。

研究表明，鼻翼比较厚、鼻子比较大、嘴巴老是像咧开、嘴唇也比较厚的人，晚上打呼噜的可能性比较大。还有就是那种牙齿长得不整齐的人，下巴像鸽子形状，或者有双下巴的人，脖子比较粗、看上去脸型肿胀厚实的人，都容易打呼噜。

60 男人疲劳时，为什么反而会勃起？

有时候，男人在感到身体疲劳的时候，更有一种和女人做爱的冲动。据说这是一种正常的生理反应。为什么会这样呢？

原来，人的身体，就算是非常疲劳，还是会分泌荷尔蒙“儿茶酚胺”，这种东西会促进心脏收缩与血压上升，让人产生兴奋感，有的男人会因此感到性冲动。

专家称，之所以人体会有这种反应，是因为肉体的疲劳，需要精神亢奋来麻痹。聪明的人体知道怎么调节自己，所以及时分泌儿茶酚胺，让精神来安抚肉体。

61 年初出生的女婴多？

有人做过统计，每年 1～4 月，这个时间段生的孩子，女的比较多，9～11 月这个时间段出生的，多是男孩。

为什么会这样，暂时还没有权威的说法。但人们猜测，按中国“人天相应”的哲学思想，这都是母体随着季节转变的变化。而母体产生的变化，对卵子产生影响。所以在某一段时间，季节会激活男性基因的精子，而另一段时间，季节会激活女性基因的精子。于是就出现上边统计的情况。

原来生男生女这么简单啊？如此说来，按时间推算，想要女孩，春末夏初结婚怀胎是最好的了。想要男孩，就抓住冬天的黄金季节。

天知道这有没有科学性。

62 适量饮酒，具有催情效果？

酒精可以使人兴奋，被认为具有催情效果，所以适量饮酒，对提高性趣是有好处的，但绝对不可过量，要不然就只能老是跑洗手间尿尿，根本没功夫将性生活进行到底。

专家称，按人类体重计算，六十公斤重的男性，最好不喝超过一瓶啤酒，没超过就有催情作用，超过了，就可能起反作用。

63 男人为什么容易得“马上风”？

在性爱过程中突然暴毙，就是所谓的“马上风”。这种事一般都发生在男人身上，原因是：在性行为中，男人的血压上升得非常猛，特别是有高血压的男人，要是兴奋过头，就可能中招。

性学家称，在性行为中，男女双方的呼吸和心跳都在增快，这个双方都差不多，但是，在高潮那一瞬间，男人的血压会向上猛冲，升高到200mmHg。而女人的血压虽然也会上升，但远不及男人，只有150~170mmHg。

平常血压是120mmHg，一下子升了将近100mmHg，脑袋和心脏到底受不受得了？受不了的，就会发生不幸的“马上风”。俗语说“牡丹花下死”，是不是指这种情况？

64 处女膜真的是一层没用的膜吗？

很多男人都有“处女膜”情结。按解剖学“位于阴道与外阴部边界处的膜”的定义，它到底有什么意义呢？

一种说法是，小孩子的性器官，还没有成人那样的自动清洁功能，为了不让细菌侵入阴道，引发炎症，所以才有处女膜作为保护。

另一种说法是，处女膜可以防止射入的精子流出来，利于新婚女子怀孕。

还有一种说法是，处女膜是生存环境对人的要求，是为了阻止病弱的阴茎进入。因为女性生育健康孩子，需要强壮的男性。如果男人连处女膜都顶不破，精子的质量肯定很差，这样不利于后代的繁衍和种族的兴旺。

65 为什么人坐电梯都会盯着显示灯看？

从电梯关门起，里边大部分人都会盯着显示楼层的灯号看。也许有人会说，这是要看清自己的楼层到了没有，其实这只是一方面，更重要的是，每个人都不喜欢在电梯里与他人的视线“撞车”。电梯空间太过狭小，就算是熟人，视线交接也不知道该说些什么。可是，往哪儿看好呢？没地方看，就只好看显示楼层的灯号。

66 去一个地方感觉很远，可为什么回来却觉得很近？

很多人都有这样的体验：去一个陌生地方，觉得走了很久都还没到，可回来时，却觉得没多会儿就到了，好像去时比回来多花了很多时间。

明明就是一样的距离，怎么会产生这种感觉呢？

这是因为人到没去过的地方，总会东看西看，不断有新东西闯进视野，感觉看到了很多东西，所以时间也就过得比较慢。而回程时，沿途的风景都看过了，一般都是一晃而过，感觉就像没看到什么，所以就感觉所用时间比去时少。成语说“归心似箭”，也含有这种意思。

67 人的两个鼻孔同时呼吸吗？

答案是否定的，我们用左右鼻孔交替地呼吸。当我们呼吸时，即使我们不能自觉地意识到，但我们真的是用左右鼻孔交替进行呼吸的。然而，左右鼻孔交替呼吸的时间是因人而异的。

68 是换了枕头睡不着，还是换了床睡不着？

生活中，很多人都说自己“认铺”，也就是说，只能在自己的那张床上才睡得好，要是出差或走亲戚，睡在别的床上，就会失眠或睡不好。

是因为换了床就睡不好吗？

专家称，其实更大的可能是换了枕头睡不着。因为枕头高度，会影响人躺着的感觉。实验表明,人要是躺在比较低的枕头上,背部的肌肉比较放松,而喉咙的肌肉却比较紧张。反之,则喉咙肌肉放松,而背部肌肉紧张。每个人都会习惯自己长期睡的那个枕头,枕头的材质、硬度、触感、气味等,都熟悉了、习惯了,突然换了个不一样的枕头,失眠是很自然的事情。

也有不少人明白这个道理,于是出差时,将自己睡惯了的枕头也带上,这样在住酒店时,就不会被失眠折磨了。

69 血型为什么不是按顺序分为 ABC,而是 ABO?

对这个问题,也许大多数人都没想过。

按英文顺序,A 后边是 B,B 后边是 C,可血型的排列并不按顺序出牌,在 B 后边搞了一个 O。真是奇怪,

1910 年,美国病理学家卡尔·兰斯坦纳发现了血型。他可不是一般的病理学家,他是诺贝尔奖获得者。只是,他把血型分成 A 型、B 型、0(零)型三种,却没发觉还有 AB 型的存在。那时,这 0 型不是英文字母 O,而是阿拉伯数字 0,意思就是说,这种血型是没有反应的(反应 =0)。

只是没想到,翌年,维也纳大学的德卡斯托罗和史托力尔,又发现 AB 型血液,加上前三种,就有了四种血型,这种分法开始向全世界传播,而在文字记录中,有人误把阿拉伯数字的 0 型,当成了英文字母 O 型。

1927 年,国际联盟专门委员会决议,使用 A 型、B 型、O 型、AB 型四种血型分类。真是将错就错。今天世界通用的,就是英文字母版的"O 型"。

70 眼睛也会品尝饮料吗?

喝红茶,一般都用比较薄的瓷杯,喝咖啡用的杯子则比较厚。这是为了适应人的视觉习惯,也就是说,眼睛也是需要品尝饮料的。

红茶的色泽,透过薄瓷杯,看在眼里会更加澄澈透明,惹人怜爱。而咖啡本身已经是深褐色了,要是用薄杯子喝,色泽深得像汤药,看起来会很不爽。所以要用厚杯子盛咖啡,以满足眼睛的审美。

71 喝酱油会喝出病来吗?

现在的酒桌子上,不喝倒是走不脱的。有人坚决不喝酒,于是就被逼着喝酱油。酱油这个东西,喝上一升,会出现什么状况?

据说从前，有人为逃兵役，喝了一公升酱油，装病不起。结果他真的脸色发黑，很是吓人。

氨基酸是酱油的主要成分，去掉二氧化碳，剩下就是胺，要是体内一下子涌入大量的胺，心脏负担不了，脸色就会发黑。加上酱油中还有大量的食盐，进入人体后，会造成体液分泌紊乱，让人像得了感冒似的。搞不好就会引发结核病！

72 小孩喜欢吃甜食是因为味觉不发达？

小孩喜欢吃甜食，这差不多就是放之四海而皆准的真理。但这并不是因为小孩子的味觉还不够发达，小孩的味觉神经，比大人敏感得多，正是因为太敏感了，才不吃苦的，只吃甜的。

一般说来，成人主要是用舌头来分辨味道，而小孩不只用舌头，口腔、喉咙、脸颊内侧都布满了味觉神经。因为这样，成人认为只是“有点苦”的东西，小孩却觉得苦得不得了。

不吃苦，只吃甜食的小孩，其实是因为味觉神经正常。不怕苦的那类小孩，说不定还有问题。

73 人的胃可以分解动物体内的毒素吗？

在非洲或中南美洲，土著打猎时会用毒箭射杀动物，然后烤了吃掉。吃这种东西不会中毒的原因，不是说动物身体里没有毒，而是毒箭之毒并不猛，它之所以能杀死动物，是因为毒素直接进入动物的血液，到达脑部，破坏神经致其死亡。

但人吃动物，毒素是从嘴巴进去，就算有毒素，也会被胃分解掉一部分，十二指肠、小肠和大肠又会分解掉一部分。最后，肝脏又有解毒功能。等进入血液时，毒素已不足以要人命了。

74 眼屎是眼睛的“大便”吗？

真实的情况是，这些硬粒的“眼屎”只不过是已变干的眼泪和分泌物。每一次眨眼，眼泪都会被均匀地分布在眼睛上。这样就能保持眼睛的湿润。随后，眼泪经过眼角的鼻泪管流入鼻中。夜间睡眠时，我们眨眼较少、较慢，并且还闭目。这样眼液在眼角上干结为小硬粒，这就是我们早上起床后所擦掉的“眼屎”。

75 人类凭肉眼能看清雨滴的形状吗？

在图画书或电视广告中，雨滴的形状和眼泪一样。事实上，小雨滴（直径 2 毫米以下）的形状会接近球型，是圆的。原因是它受表面张力影响。比这个大一点的雨滴，不单受表面张力影响，还会受空气阻力影响，球型底部被压扁后，就成了馒头的样子。

为什么人们会把雨滴误会成眼泪的形状呢？原因就是人的肉眼没法看清雨滴形状，只是看到树叶上滴下来的水珠，结果就把这个水珠当成了雨滴，以为雨滴跟眼泪的形状差不多，于是至今还在使用和传播这种“眼泪式”雨滴。看样子人们要将这个误会进行到底。

76 避孕套真的能防止疾病入侵吗?

为了免于患上传染性性病，肯定需要避孕套。这只是众所周知的一个常识而已。不过，为什么性病还是在使用避孕套的人之间不断传播呢?原来很多人根本就不会正确地使用它。

一个研究小组在调查了1124名性病患者前30天的避孕套使用情况后发现：有40%以上的人不会在使用避孕套前挤去里面的空气，33%的人在避孕套的时候没有托住底部，有24%的男性和30%的女性在使用避孕套时不知道应当留有富余空间，还有许多男性不知道避孕套的正反。这些不正确的使用都会导致避孕套破裂和分泌物溢出，从而增加感染性病的几率。在接受调查的人群中，超过40%的男性和30%的女性在之前的一个月中经历过避孕套破裂的情况，男性由此感染淋病的几率比对照组高90%。总之，只有正确使用避孕套，才能真正有效地防止疾病入侵和传播。

77 为什么高智商的下一代容易自杀?

瑞典卡罗林斯卡研究所的研究小组做了一项长期实验。在对987308名瑞典男子跟踪调查5~26年后，研究人员指出，智商越高，自杀的几率就越低，而那些在智商测试中得分最低的人，自杀危险是高分者的2～3倍。在研究进行期间，共有2811名接受调查者自杀。当仔细分析自杀者的资料时，研究者发现，自杀危险最大的，是那些父母受过良好教育，智商较高，但本人却不那么聪明的人群。父母的高期望值和两代之间的反差，很容易让智商较低的子女陷入抑郁，从而选择自杀。中国有句老话，太聪明了人会折寿，不折自己寿，也要折下一代人的寿。

79 人能够站立睡觉吗？

很难想象，人站着也能睡觉，但是在印度，有人到死为止都还是站立的。他们就是那些十年、二十年来坚持站立生活的信道者。他们把自已捆绑在相当长的竹竿上，不管怎么辛苦，双脚都是贴在地上坚强立着，即使睡觉，也是如此，所以，他们成了能够站立睡觉的人。其实，如果身体没有捆绑在竹竿上，是无法像竹竿般直直的站立睡觉的。因为人的膝盖没有固定时，一旦进入睡眠状态，双脚的筋肉会全部松懈下来，人就会倒下来。

Part 3 动物世界真奇妙

1 家养金鱼放生到江里，能否成为野生金鱼？

可能很多人都不知道，家养的金鱼，其实是由鲫鱼改良而来的，只是作为一种观赏鱼来饲养。而且这个改良品种是由中国人完成的，早在1493~1573年，就曾出口日本。

现在，我们在菜市、花鸟市、水族馆等地方，都可以看到卖金鱼的小摊小贩，人们买金鱼，主要是用于家养和观赏。

如果把这些家养的金鱼，拿到河里放生，情况会是什么样子呢？

我们知道，从有金鱼开始，这些长得好看的小东西，便习惯了衣来伸手饭来张口的生活，它们基本上不用担心没有东西吃饿肚子，也没有自行觅食的习惯和技能，把它们丢到河中，看起来是给它们自由，实际上是谋杀。

要是河里边的环境比较好，有很多东西可以吃，金鱼也许还能活几天，但就算是这样，金鱼也没办法在自然流动的河川中受精、产卵，也就是说，根本没办法野生化。如果把它们丢在而今的城市河流中，那些受污染的城市工业污水，不用一分钟，就可以将它们全部杀死。

每一种生物都有它需要的环境和生存规律，尊重它们的生活方法，就是不要随意去改变或破坏规律。你不是金鱼，你不知道金鱼在鱼缸里的快乐。所以，请不要把它们丢到河里。

2 人吃了河豚会中毒，要是河豚吃河豚呢，也会中毒吗？

河豚身上的毒，叫做河豚毒素，其毒性是氰化钾的数百倍。据说，一只河豚身上的毒，可毒杀三十个人。如此剧毒，要是河豚出现同类相食的情况，会毒死对方吗？

科学家称，河豚身上的剧毒，对河豚没有杀伤力。原因是河豚对河豚毒素完全免疫，就算是吃了最毒的肝，也不会有什么事。这种免疫功能，是河豚的独有，别的鱼类要是吃了河豚，会和人类一样中毒而死。好在鱼都很聪明，大多都知道河豚吃不得，只有狂妄的鲨鱼在肚子饿得受不了的时候，才会不顾后果地吃河豚，结果当然免不了中毒身亡。

3 毒蛇打架会用毒牙咬对方吗？

蛇可不是一般的聪明，它咬异类时肯定用毒牙，可要是和同种的毒蛇打架,却绝对不会使用毒牙。因为它们并不想咬死对方,使用毒牙,将可能造成种族灭亡的惨剧。所以,不管是为争夺地盘,还是为了母蛇决斗,它们都会采用盘绕的方式,缠勒对方,降服对方。

蛇的聪明还表现在:它们都知道自己毒牙的厉害。它们咬死动物后,都不会马上就吃掉,主要是担心自己留在动物身上的毒,会把自己也一并毒死。所以它们要等到猎物身上的毒性分解之后,才慢慢享用,这也养成了它们极好的耐心。

4 蜘蛛为什么不会被自己织的网粘住?

要是在树丛中钻过,或者撞进一间久无人住的茅屋,随时都有可能被蜘蛛网网住头。蜘蛛丝黏在脸上,擦不掉,抹不脱,黏黏糊糊,让人极不舒服。

然而,就是这种黏糊糊的丝,帮着蜘蛛捕获了不知多少猎物。很多人也许都想过,为什么蜘蛛不会被网住呢?是蜘蛛有特异功能,黏糊糊的丝黏不住它?

一般说来,蜘蛛平时都待在网的中央,这儿的丝没有黏性,同样没有黏性的,是从网中心向四周呈放射状的丝,真正有黏性的丝,是那些横向的丝。蜘蛛在行走的时候,一般不会碰横向的丝,只会从放射状的丝上走。

其实蜘蛛也不怕在横向丝上过,因为它的脚分泌有一种油质,就算碰到黏性的丝,也不会被黏住。所以,人们有时会看到蜘蛛在网上咬没死的猎物,动作很敏捷,而猎物却被越黏越紧。

5 缉毒犬会不会对毒品上瘾?

在警方的缉毒工作中,缉毒犬可以说是不可或缺,十分重要。这些缉毒犬天天嗅着毒品的气味,会不会因此上瘾呢?

我们知道,在训练缉毒犬的时候,通常都会给它们嗅毒品,让它们记住气味。训练完成之后,它们就能敏锐地从各种伪装中找出毒品,这是不是因为它们已经对毒品上瘾,所以特别敏感?

回答是否定的。缉毒犬对毒品的侦察能力,是训练师用奖励的方式,反复训练出来的。因为经验让缉毒犬知道,只要找到了毒品,就会得到奖赏。

按理说,嗅闻毒品,完全有可能上瘾,但那必须是毒粉被吸入了鼻中,而训练缉毒犬用的毒品,都是放在塑胶袋中包着的,所以不会上瘾。

6 北极熊在冰上走,会不会滑倒摔成骨折?

要是人在滑溜溜的冰上走动,肯定会摔得鼻青脸肿,可北极熊却走得稳稳的,啥事也没有。

北极熊为什么不会滑倒呢?那是因为它们的脚掌下面,长着有防滑功能的长毛。

长在北极熊的脚掌下面的白毛,非常浓密。这些毛具有防滑的作用,就算北极熊在冰上奔跑,也不用担心一下子摔成骨折。

也是因为这个原因,在北极圈生活的人,都会用没脱毛的兽皮做靴子,直接借助兽毛防滑的功能,给自己的生活创造更多的方便。但这并不等于说,脚上有毛,走路就一定很牢,要是不小心,不注意身体平衡,一样有滑倒的机会。比如小北极熊,它脚上也有毛啊,可这些小东西没有生活经验,所以经常滑倒。

7 把熊猫的毛剃光,它身上还是一团黑一团白吗?

熊猫因为身上的黑白斑纹,尤其显得可爱。要是把熊猫身上的毛都剃光,它的皮肤会不会也是一团黑一团白呢?

熊猫养育员称,刚出生的熊猫,皮肤都是粉红色的,没有一团黑一团白。所以就算剃光了毛,也不会出现上述情况。

但有人认为,长黑毛的皮肤里肯定会有黑色素沉淀,就像黑白花纹的牛,要是把毛剃光,就会发现长黑毛的地方也是黑的,而长白毛的地方则是白色。

可是，谁敢去剃国宝的毛呢？

8 被剪了毛的羊会感到冷吗？

剪羊毛的工作一般都选在春天，为什么会选在这个时候呢？实际上这已经回答了上面的问题。要是在冬天剪羊毛，羊光着身子可能就会被冻死，而春天剪毛，等到了冬天，被剪掉的羊又都长回来了。

不是人工饲养的羊，一般一年换一次毛，这是野生动物遵循的自然规律。后来，为了得到更多的羊毛供人类使用，科学家们就通过科学手段，培育出了可以剪毛的羊种。这种人工羊有一个特点，就是不会自然掉毛，于是就带来一个新的问题：炎热的夏天，羊们披着厚厚的毛衣，会不会热死呢？总不会在羊圈里装上空调吧？于是，剪羊毛就成了人与羊都希望发生的一件事情。这样就可以实现而今社会上流行的“双赢”。

9 鸭子好像一年四季都在玩水，它们天生不会感到冷吗？

我们看到的情况的确是这样的：鸭子总是在水中游来游去，即便是寒冷的冬天，待在水里也没听说会冷死。因此很多小孩子都希望变成一只鸭子。

为什么鸭子不怕冷呢？原来，和别的水鸟一样，鸭子的身体构造很特别，身体的动脉和静脉就像网一样交织，通过动静脉进行热交换，从而调节身体需要的温度，与其说鸭子不怕冷，不如说它有办法对付冷。

科学研究表明，凡是鸟类都有两种体温：一种是全身的体温，大约40℃。当我们抱着它们的时候，很快就能感到这种比人类体温高的温度。

另一种是脚部的体温。鸟类的脚是没穿鞋子的，一年四季都裸露在外，泡在水里，温度就和水温一样低，对冷根本就没感觉。这就是鸭子冬天泡在水里却不怕冷的秘密。

10 澳洲无尾熊只吃尤加利叶？

生长在澳洲的无尾熊，除了尤加利叶以外，什么都不吃。要是哪天没有尤加利叶了，也许它们都会饿死。

14 晚上活动的动物不需要阳光吗?

万物生长靠太阳,这是自然界的常识。可是,像蝙蝠、猫头鹰这一类夜行动物,它们的生长不需要阳光吗?

怎么会不需要阳光呢?就算是夜行动物,白天也会跑出来晒晒太阳的。再说,阳光中什么东西对万物起作用?其中一种重要的东西就是紫外线。晚上也是有紫外线的,只是量没有白天那么大而已。大气、月光,都有紫外线,动物晚上活动,也可以摄取到身体必需的紫外线。

夜行性动物还有一个特点,就是只需少量维生素D,就能维持身体机能。所以就算白天不出来,单靠晚上摄取的紫外线,也够身体健康所需了。

15 鲸鱼靠什么解渴?

鲸鱼虽说也是鱼,但和别的鱼类不一样,比如鱼需要氧气时,在海水中用腮呼吸就行了,而哺乳类的鲸鱼,必须得浮出水,用肺呼吸空气,从而获得需要的氧气。

鱼类要是渴了,需要水分了,就靠自身的肾脏,稀释掉海水中的盐分,用以解渴。鲸鱼没有这种特殊的肾脏,所以只能张开大嘴把别的鱼吃掉,从这些鱼身上摄取水分。

看来,鱼类特殊的肾脏,也是间接为鲸鱼长的。

16 宠物输血时也要配血型？

宠物医院也是近几年才兴起的，据说不少猫猫狗狗生病住院，一天要好几百块钱呢！因为有的宠物受了伤需要输血，医院还专门饲养了捐血狗和捐血猫。

宠物输血时也是要配血型的。目前的办法是，兽医先将受伤宠物的血液，跟输血宠物的血液一块儿放进离心分离机，进行血型测试，如果双方血液混在一起会变黏稠，那就表明血型不配，反之，就可以输血。

17 狼为什么会对月长嚎？

相信在电视电影或者文学作品中，大多数人都看到过狼半夜对月长嚎的场景。那么,真实的情形是怎样的呢?研究表明,狼号叫有几个原因,但没有一个是受月亮感召的。它们这样做一是为了显示在狼群中的级别:低级别的狼群成员可能会因参与"号叫"受到惩罚,二是为了在猎食之前和猎食过程中召集狼群。

有人称,狼会在孤独和高兴的时候号叫,即使两种号叫声听起来一样的凄惨,每只狼都有自己独特的号叫声。但它们对着月亮号叫的说法还需要证实,一种推测是狼在月光皎洁的夜晚会更活跃,所以叫得更欢。

18 狗为什么见到醉鬼就狂吠不止?

这是因为狗的嗅觉比人类灵敏许多。对不喝酒的人来说,身边的谁要是满嘴的酒气,绝对让人讨厌得掉过头去想吐。狗那么聪明的东西,当然就更反感酒鬼的臭不可闻了。

科学实验表明,狗对酒臭味特别反感,那种浓烈的臭,会激起狗强烈的愤怒,令它无法自制。所以狗就会冲着醉鬼狂吠不止。

这种时候如果还仗着酒意去挑衅狗的话, 而狗正处于亢奋状态,很容易就会使人受伤。

19 为什么猫和狗有时候会去吃草?

猫吃腥,狗吃屎,这是自然规律。可是,在生活中,有时候我们会发现,自家养的小猫小狗,有时候也会像羊一样低头吃草。如果出现这种情况，就说明它的肚子不舒服了，可能是消化不良，也可能是误吃了有毒的东西。

宠物除了缺少运动外，有时还会因为吃多了含盐饲料，出现胃酸过多和便秘现象，甚至食物中毒，这个时候的小狗小猫，就会吃草刺激胃和食道，目的是引发呕吐，或者排便。它们的身体和人一样，在内部有一个调节系统，知道该怎么采取措施，化解内部出现的问题。

在小猫小狗的生理调节机制中，青草就是治病的药。它们就像人一样，感到身体不对劲了，就会上山采草药煎水喝下。不知外国的猫狗引进中国后，懂不懂中草药的治病功效呢？

20 腊肠狗是怎么来的？

很多奇怪的事都是人干出来的，比如狗，从前哪有这么多的种类！可是，人就是这么乱来，总是喜欢让一些不同种的狗来交配，然后生出一些

怪胎。

腊肠狗就是抓兔子的猎犬米格鲁，和抓鸟的英国古代牧羊犬交配，生出来的怪物。它之所以身体很长，腿却很短，就是人为品种改良的结果。据说这样的身形，可以钻进洞子，把獾和兔子赶出来，让猎人轻松得手。

21 同样是身上长毛，为什么猫比狗更怕冷？

冬天的时候，猫总是往人的被窝里钻，缩在里边呼呼大睡，而狗却满地乱跑一气。大家都披着皮毛大衣，为什么猫比狗更怕冷呢？

猫和狗一样，身上不会流汗，体内的热量积蓄得比较好，所以猫其实是不怕冷的。到了冬天，它之所以会缩进人的被子里呼呼大睡，并不是怕冷，而是不想像狗那样，到处乱跑，消耗体能。它还有一个捉耗子的职责，那可是个力气活，所以得保存足够的体力，随时都得准备一跃而起，投入战斗。

22 同一胎生下的几只小猫，为什么颜色各异？

一般说来，到了早春时节，猫就会发情，母猫在这时期和不同的公猫交配。而公猫的性器官上，有刺状的东西刺激母猫的性器官，让母猫排卵，因此母猫每次交配都会排卵。

这样一来，母猫就会怀上不同公猫的孩子，等她一胎生下几只猫，往往是颜色各异，原因就是各只小猫的父亲不一样。

23 为什么猫更亲近女性？

猫喜欢亲近女性是它的天性使然。女性说话的声音高而尖细，和猫的声音接近，所以猫听起来比较亲切，有同类的感觉，而男性的声音一般都低沉浑厚，让它觉得是异类。

猫每天要睡十四小时，女性安静的性格，不会过多打扰它，而男性天性好动，会让睡觉的猫不开心。

年老的女性是猫最喜欢的，因为她们既不大声说话，而且做什么事都是慢慢的，刚好符合猫的生活节奏。

24 猫吃狗食会失明吗？

据说现代人养宠物最大的原因，就是可以全心全意地付出，也可以得到全心全意的回报。因为现代人之间的冷漠、隔膜，互不信任，对感情不忠诚等，使靠养宠物来寄托情感的人越来越多，并因此兴起了一个小小的产业链。其中的宠物饲料，比人吃的东西更为讲究，分类详细而又明确，搞到猫和狗都不能吃同样的食物。

猫狗的生命活动都需要氨基酸，但这两种动物身上，氨基酸的代谢系统却有所不同，猫比狗对氨基酸、蛋白质的需求要大得多。

氨基酸中含牛磺酸。牛磺酸要是不够，猫的视网膜中心就会变形，直

到失明，变成猫瞎子。所以猫需要吃含有丰富牛磺酸的食物，但是狗食里却基本上没有牛磺酸。

从这个角度来说，猫长期吃饲料店里的狗食，就会变成瞎子。

25 章鱼的墨汁那么黑，为什么不用来写字？

有个古老的故事说，在海边，有个小学生因为穷，买不起墨水，就用父亲捕获的章鱼的墨汁来做作业。这故事可信吗？也许是真的，但章鱼墨汁写的字，肯定无法持久。

我们平常用于书写的墨汁，主要由碳粉构成，其特点就是耐久，可以保持很长时间而不褪色，但章鱼墨汁的颜色，其主要成分是麦拉宁色素，这种色素是一种蛋白质，只要时间一长，就会腐臭，颜色也会跟着变化。

文具商店里的墨汁，比章鱼的墨汁便宜得多，也许这也是人们不用章鱼墨汁写字的一个原因。

26 深海鱼为何能在水族馆生存?

人类生存在地面的大气压力状态下(一大气压)，如果水深 200 米，就是 20 大气压。这对人的身体承受力来说，是不能想象的。所以，人潜水到 200 米深的海中，只有死路一条。

可为什么深海鱼进了水族馆，还是一样能游来游去? 按理说，从 20 大气压的深海中，跑到只有几大气压的水族馆，身体肯定会出问题，但我们却看到这些深海鱼在水族箱里，啥事都没有。

其实情况并不是这样的，因为有经验的渔夫捞捕深海鱼时，都是很有耐心地，慢慢往上捞，以便让它们有时间适应慢慢降低的水压，这样的一个过程，利于深海鱼的身体接受新的环境。是的，我们会看到它们在水族箱里游动，实际上它们大部分时间是一动不动的。这种适应状态，有点像人类到高原上旅游，没有力气乱动，需要一个较长的适应过程。

27 猫为什么怕吃热的东西?

细心的猫主人肯定知道，猫怕吃热的东西。平常，猫饿得再厉害，要是你刚帮它煮好食物，它只需过去嗅一下，就会立即走开，搞得你还以为它不喜欢吃。事实上，只需等上一阵，它就会过去狼吞虎咽，风卷残云。原来它是怕烫到舌头。

在动物的五种感觉中，狗的嗅觉最发达，而猫的味觉最发达。动物学家称，猫舌头上的神经，大部分都集中在舌尖上，大量感觉味道的细胞，在舌尖上紧密排列，这就是它的味蕾。猫舌尖味蕾很敏感，要是食物太烫，就会伤害感觉味道的细胞，为了这些细胞不受伤害，所以它怕吃热东西。

28 猫和狗可以恋爱吗？

日本昭和三十三年，《静冈新闻》上登了一则猫狗混血儿出生的报导。说有只花斑猫，生了三只小猫，其中一只猫，只有脸像猫，身体和四肢的毛都像绒毛狗。

看过新闻的人议论纷纷，好多人都认为这是狗和猫乱伦的结果。

那么，从科学上来说，狗和猫能不能交配成功呢？总之到目前为止，还没有实例，但有一点可以肯定，要让它们自然交配恐怕并不容易。平常我们见到猫和狗并不和睦，基本上是一见面就打架，这样的关系，怎么交配呢？难道真和人一样，"打是心疼骂是爱"？

29 蛇身子那么长，是不是可以吃下同样长的东西？

其实，蛇完全可以吃比自己的身体还长的猎物。这当中就包括它的同类——比它更长的蛇，要是落到它手里，照样能吃掉。蛇虽说不像人那样有手，却能把更长的蛇折叠起来，慢慢吞进肚子。

蛇有这个绝招，不是因为它本身就很长，而是它有一张大嘴巴，上下张开，可以到 180 度那么大，在此基础上，嘴巴还能左右撑开，所以有的大蛇一张大嘴，人脑袋都能一口吞下。

蛇的身体结构也很特别，肋骨的构造能自由展开。咬住大型猎物后，只需张开肋骨，就可以慢慢地、一点点地往肚子里吞掉猎物。

30 鸡的产卵期是在春天吗？

养鸡场里的鸡可以天天生蛋。原因在于主人会用电灯光等东西，刺激母鸡的脑下垂体，使母鸡分泌荷尔蒙，用刺激性腺的方式来促进鸡的产卵。为了鸡多下蛋，人可以说是想尽了各种办法。

其实，属于雉科鸟类的鸡，和同科的鸟一样，是有产卵期的，都在春天产卵。可后来让人这么搞来搞去，搞得连它们自己都忘记了繁殖期，所以才会出现天天都在生蛋的反规律现象。

有些鸡不大驯服，往往很多天才生一个蛋，结果不幸得很，主人很快就气呼呼地把它抓出鸡舍，杀来吃掉了。

31 蜗牛壳也会随着蜗牛一起长大吗？

蜗牛壳是天生的，因为蜗牛细胞在卵子中分裂的时候，就有一层很轻薄的外壳。之后，这个外壳会慢慢变硬，目的是保护自己的内脏。这个壳会跟着蜗牛的长大而变大。科学研究表明，蜗牛壳就像人的骨头一样，由钙质构成，是身体的组成部分。蜗牛壳还有一个特点，就是多半是往右边旋，极少看到有往左旋的蜗牛。

城市中的小孩，绝大部分都是从父母或老师讲的故事中，知道蜗牛这种小东西。他们可能至今也没有见过蜗牛真实的样子，更不知道蜗牛从小就背着一个盔甲一样的外壳。

32 萤火虫喝水么？

萤火虫在幼年时期，一直生活在水中，所以它肯定是要喝水才能生存。但很奇怪的是，成虫之后，它们只喝草上的夜露水，拒绝喝别的水。现在的矿泉水或纯净水，对萤火虫来说，都不是什么好东西，它们需要的是由“森林公司”用清澈空气生产的“夜露”牌天然饮料。

如果不是昆虫爱好者，可能没几个人知道，萤火虫成虫之后，两周就会死亡。所以它们抓住这两周的宝贵时光，靠着身上发出的荧光，分辨雌雄，寻偶求欢，交配产卵，然后就结束这一辈子。

33 在蜜蜂的世界里，也会像人类一样发生国王宝座争夺战吗？

很多人都知道，一只女王蜂身边，长年都有数万只工蜂伺候着。在一些连环画图书里边，人们看到的蜜蜂社会里，工蜂多是男性，就像是武则天时代，大堆男人围着女王转。也像今天的大公司，董事长是女性，下属是一大群男性。

实际上，从性别上讲，工蜂其实是雌性，女王蜂是从雌性幼虫中精选后，养育成长起来的。

蜜蜂的世界就像是女儿国，蜜蜂多是雌性，雄性很少。它们之所以存在，主要是为了满足女王蜂的原始欲望，与她交配。要是哪只蜜蜂被推选为女王蜂，那么从幼虫开始，就要食用工蜂分泌的蜂王浆，只有这样养大的蜜蜂，才具有王者气势和风范。目前的科学家，还没有找出蜜蜂群选女王蜂幼虫的标准，于是就更让人感到好奇。

女王蜂还在位的时候，不允许幼虫吃蜂王浆，因为一山不容二虎，老大只能有一个，否则就会出现战乱。蜜蜂社会的秩序，就是靠这种生存智慧，才得以世代维持。

34 用矿泉水养的鱼，会不会长得又大又肥？

近年来，喝水也要钱了，什么矿泉水、纯净水，名堂多多，都说对人的身体有益，大家好像也相信水商的广告，花钱买水喝已成时尚。

既然水中含有如此有益的矿物质，要是用这种水来养鱼，会不会收到意想不到的效果？

你还真别说，真的有养殖场，引入含矿物质的泉水，用来养殖嘉鱼。令鱼老板喜出望外的是，鱼长得特别快，比如以前要三个月才能长大的，现在只需一个多月。鱼的成长速度，比普通的水养殖快了两倍。

有专家不相信，专门跑去养殖场实地考察，最后得出结论：适合嘉鱼生长的水温是 11~12℃，该养殖场所使用的矿泉水，刚好吻合这个要求。矿泉水的另一个特点，就是它与河川之水不一样，它的温度差不多就是恒温，不会因为场所变化而改变。而这种恒温泉水，刚好是嘉鱼最需要的生态环境。再加上水中有各种矿物质，也是鱼快速生长的原因。

那么，是不是说，用这样的矿泉水，养什么鱼都能飞速生长呢？没人做过更多的实验，所以这个暂时还不好说。

35 鲸鱼喷出的水是咸的吗？

到日本小笠原诸岛附近旅游，要是不看鲸鱼表演，等于没去。要是运

气好，人们会看到鲸鱼喷水的画面。鲸鱼和人类一样，是哺乳动物，其身体构造，也和人类差不多，所以它不能一直潜在水中，必须隔一阵就浮出水面来透透气。

浮出水面的鲸鱼，在呼吸过程中，会先猛力吐出体内陈旧的空气，然后把新鲜空气吸进来。这个时候，积存在体内的海水，就会从鼻孔里喷出来。

按理说，鲸鱼喷出来的海水，自然会是咸的。实际上，鲸鱼喷出来的并不是海水，而是空气，只是看起来像海水而已。

因为鲸鱼体内的温暖空气中，本身就含有大量水分，在吐出的那一瞬间，这些水分化为蒸气，遇到外边的冷空气后，马上凝结成了水滴，于是人们看到的就像是喷泉一样。也就是说，鲸鱼喷出来的不是海水，所以没有咸味。

36 麻雀在电线上睡觉为什么不会掉下来？

在电视体育频道上，我们经常看到体操运动员玩单杠、吊环等项目。他们的手握力非常强，所以才能自由翻转身体，要是握不住，身体就会飞出去。

在生活中，我们也发现。很多鸟儿都可以站在电线上而不会掉下来，就算是吹点小小的风，也不会吹落它们。因为鸟爪子也具有非常强的“握力”。当它们停在电线上的时候，足部肌肉到脚趾之间，有一根筋紧紧地绷着，鸟爪子就会弯成“V”形，牢牢地抓住电线，支撑住身体。

麻雀会不会在电线上睡觉，这是一个问题，但可以肯定的是，如果它要在电线上睡觉，也是可能的，因为它在树枝上睡觉的时候，就不会掉下来。当然了，这些情况，都有一个前提，那就是不要起台风。风太猛了，什么鸟都没法在电线上睡觉。

37 为什么雄性动物外表总是很漂亮？

雄性狮子有漂亮的鬃毛，雄性孔雀有漂亮的羽毛。就连家养的鸡、鸭，也是雄性好看。在野生动物中，雄性的外表更是要比雌性漂亮。

达尔文认为，这是因为雌性喜欢漂亮的雄性，这也是生物种族繁衍的需要。漂亮的雄性一般都健壮强劲，生育的后代质量就会比较高。

后来又有人认为，鸟类体内要是有了寄生虫，营养就会被吃掉，羽毛的颜色就没法鲜艳。有漂亮外表的雄性，其实就是身体健康的表现，而雌性就会选择它们，和达尔文所说是一个意思。

38 候鸟最长可以飞多远？

如果候鸟要从西伯利亚飞到日本过冬，得飞 2000～3000 公里。如果要从日本飞往南方过冬，得飞 4500～6000 公里。耐力最牛的候鸟，是北极圈里的燕鸥，这种候鸟会飞往南极大陆，中间隔了 16000 公里。还有一种叫金色鹬的小鸟，它们一般都是从阿拉斯起飞，飞越 3000 公里的海洋，到夏威夷过冬，这期间一直在飞，在天上长达 35 小时。

谁也不能小看候鸟，小小的鸟类，它怎么就能飞那么远？

候鸟飞行，有的是一飞到底，有的会中间落下稍加休整。在起飞之前，它们就像冬眠的熊一样大吃大喝，储存体内的脂肪，作为长途飞行所需能量。等飞到目的地，据说全都瘦到只剩下一把可怜的骨头了，让人既佩服，又自叹不如。

39 刺猬天生就浑身是刺吗？

刺猬身上的刺是从母体中带出来的，那么，有人会问：母刺猬在生小刺猬的时候不是要被刺伤么?其实,再小的刺猬遇到危险时,都会本能地竖起刺进行自我保护。但刺猬生性温驯,平时它的刺都是伏贴在皮肤上的。并且小刺猬在出生的时候它的刺毛是藏在皮肤底下的。所以,只要不被激怒,好脾气的刺猬是不会不分青红皂白地“举刺相对”的。当然,它忍无可忍无需再忍的时候,那你可就得准备好尝尝它的“霹雳无敌刺”的滋味了。

而且刺猬也并非满身都是刺,它的脸部和肚子等地方,都是没有刺的,很柔软、很温暖。

40 为什么稻草人吓不住乌鸦?

农民用稻草人吓鸟类,不让它们糟蹋庄稼,可是,乌鸦这个奸猾的家伙,很快就识破了人类的骗术,大大咧咧地站到了稻草人头上,把人气个半死。

刚开始,乌鸦看到稻草人,第一反应还是掉头就跑。可过不了几天,它就敢飞到稻草人身上歇脚。但是,当你放一个新稻草人在田里,它又吓得掉头就跑,几天后又站到身上来了。这是啥意思?

原来,乌鸦是靠嗅觉来判断危险的,新的稻草人总是穿着人的旧衣服,上面有人的气味,这才是吓跑乌鸦的原因。乌鸦以为那是人,会收拾它。可是,几天后,风吹日晒的稻草人身上,已经没有人的气味了,所以它就不怕了。

41 为什么火鸡脸上的颜色会变？

公火鸡是光头，头上面是没有毛的，人们所说的火鸡脸会变色，其实指的只是这个没有毛的地方，而不是整张脸。

公火鸡要是兴奋起来了，身上的血液就会往头顶上冲。这时候，没毛的地方就会变成红色。等它没什么好兴奋的了，头上的血液就会往回流，红色的头就变成了先前的蓝白色。

对野生火鸡来说，光头并不是随时变色，在一年之中，大概就变一次。原因是它到了交配期，这时它的头上没毛的地方，就会因为兴奋而变得通红。它张开翅膀，拼命鸣叫，在母火鸡身边晃来晃去，最终目的，就是想引起母火鸡的注意，最好能吸引它来交配。

家养的火鸡又不一样。被人类改良之后，母火鸡一年中多次产卵，公火鸡的光头自然也会多次因兴奋而发红。

不知公火鸡会不会因此感谢人类的无事生非？

42 为什么苍蝇拍挥下时，苍蝇却能逃生？

可能很多人都以为，苍蝇一定是看到了打过来的苍蝇拍，就像人看到一只挥起的手掌，朝脸上抽来，于是本能的躲闪开去。

实际上，这个时候苍蝇的眼睛没有任何作用，它根本就看不到逼近的苍蝇拍，原因是苍蝇拍对苍蝇来说，太过巨大，就像一面墙朝人贴身压下来，人根本看不到墙的动作，但是却本能地逃跑。

苍蝇之所以能在苍蝇拍挥下之时即刻逃生，主要是靠敏感的触觉。

苍蝇拍上扬之时，肯定会产生一些轻微的空气流动，苍蝇的触觉会把这个空气变化当成危险讯号，并立即作出反应，及时逃走。和苍蝇一要样靠触觉察觉危险的，还有蟑螂。

所以，打苍蝇的成功与否，在于你动作的声息大小，以及挥下苍蝇拍的速度。

43 猫背在什么情况下会像桥洞一样拱起？

猫背拱起是有原因的。

首先是猫蹿上跳下的生存需要，猫咪从高处跳下，拱背利于翻筋斗，降低身体重量带来的冲击力和落地的速度，轻轻落地，无伤毛发。

其次，猫在捕获猎物时，总是蹑手蹑脚，慢慢接近猎物。这时，猫背都会拱的很高，这样可以让猫弹跳有力，爆发有力，一蹿出去就能将对方扑倒。

最后，猫背拱起，是它的一种身体语言。猫咪的背，一般都是生气的时候才高高拱起，怒视敌方。所以猫与猫之间，通常不会从正面看对方，而会从侧面看，只有这样，才能通过看背是否拱起，以判断对方的心情是。

44 猫拉了粪便之后，为什么要刨沙去把粪便盖住？

大凡养过猫的人，都有一个经验：要想教会猫咪在固定地拉屎拉尿，并不是一件容易的事。猫天生随意排泄，可不管是什么地方。但认真观察还是能找到解决的方法，比如大多数的猫排便之后，都会刨些沙子掩盖粪便。这个好习惯，一般被人们认为是猫讲卫生。所以养猫人便准备好一个铺了沙子的盆，教猫在里边方便，这样可省去它到处乱拉惹出来的麻烦。

猫粪的味道非常难闻，这个怕是猫自己心里也明白得很，所以它才那么费劲地刨沙遮盖，以免这种刺鼻的气味散发出来。但这并不是因为猫讲卫生，而是它进行自我防卫的一种本能，它的这个举动，目的是不想让别的动物(特别是强于它的动物)发现了自己的行踪，这和狗有着很大的不同，狗总是到处拉尿，告诉别的动物，那是自己的地盘，可猫却在想方设法把自己隐藏起来。

45 为什么兔子上坡时跑得比下坡快？

兔子走路的姿势和其他动物很不一样，它们总一蹦一蹦地，以跳跃的方式向前进，很多人搞不清楚这是为什么，其实很简单，因为兔子的后脚比前脚长了很多，没办法像四脚一样长的动物那样走路，只能靠前脚支撑体重，而用后脚来向前跳跃。

兔子这样特别的腿型，最适合上坡，要是你想追到往山上跑的兔子，那真有点难，因为前脚短后脚长，刚好适合往上跑，根本就没法追上。

但很多东西的长处也是短处，要是往山下跑，兔子就失去优势了，兔子自己也清楚这点，所以要是被人追赶，它多半都是往山上跑。这也是一种生存智慧。

46 鱼很喜欢吃蚯蚓吗?

蚯蚓最倒霉的时候,莫过于人们把它们从土里刨出来,拿去当成鱼饵,诱鱼上钩。

人们为什么要用蚯蚓做鱼饵呢?是鱼特别喜欢吃蚯蚓吗?

其实,并不是鱼喜欢吃蚯蚓,而是人们误以为鱼喜欢吃蚯蚓。蚯蚓这个东西有两个特点,注定了它们会被做成鱼饵。一是长长的身子,可以切成很多小段,用来挂在钩上诱鱼上钩。二是它们的生命力很强,挂在鱼钩上,还会扭来扭去,在水里搞出动静,吸引鱼儿过来咬钩。

当然啰,蚯蚓也不能完全怪人类太残忍,因为鱼早就开始吃它们了,比如下大雨时,蚯蚓跑到地面上,被水冲到河里,还有山体滑坡之类的情况,也会被水送到鱼儿的嘴边。所以鱼吃蚯蚓有相当长的历史了,只不过鱼并不是特别喜欢吃蚯蚓,而是什么东西都吃,你就是丢一把草下去,也会有一群鱼跑过来你争我抢地拉扯一番。

在河里游水的人就体验过,那些小鱼,不时还会在人身体上咬上一口呢!

47 鱼也会口渴吗?

大家都知道鱼是生活在水里的,整天都浸泡在水里怎么会感觉到口渴了呢?事实上,鱼是会口渴的,只不过它们饮水的方式和陆地上的动物不同罢了。德国不来梅阿尔弗雷德维格纳研究所指出,由于鱼有分咸水鱼和淡水鱼两种,而两种鱼饮水的方式都有不同。咸水鱼用吞水的方法得到水分,淡水鱼则经由食物和鱼鳃得到水分。

48 凶恶成性的鲨鱼,为什么不吃长印鱼?

长印鱼和鲨鱼是好朋友,是战略伙伴关系。它总是用它特有的吸盘,吸附在鲨鱼的腹部,就像鲨鱼一生的伴侣似的,不离不弃。长印鱼跟着鲨鱼,并不像是无所事事的寄生虫,它其实是鲨鱼身边不要工钱的长工,一年四季都在帮它干活。

在鲨鱼腹部,寄生着很多甲壳类,长印鱼就用它下颚比上颚突出的嘴巴,清除鲨鱼腹部的甲壳。它突出的暴牙,负责挖掉甲壳动物,然后下颚接住掉下来的甲壳,把它吃掉。

长印鱼帮鲨鱼清除寄生虫,鲨鱼则帮它避开天敌,所以这两个家伙是铁哥们。

49 鲔鱼游水的时速比高级轿车在公路上还快?

每年夏末,随着黑潮,鲔鱼会在日本近海现身。然后,它们会横越太平洋,游到美国西岸去。

鲔鱼的特长是能长时间游泳,因为它们的体型像纺锤,游水时阻力很小, 很多船的形状也因此做成纺锤的样子。还有就是鲔鱼的胸鳍、背鳍、鳞片都比较小,加上尾鳍长在后面,使它的身子在水里穿行自如,速度快得令人惊叹。

据说，鲔鱼游水的时速可达一百六十公里，简直比跑在高速公路上的轿车还快。

50 砧板上的鲤鱼为什么不挣扎？

人们经常用“砧板上的鲤鱼”形容无可奈何，任人宰割。

奇怪的是，在水里活蹦乱跳的鲤鱼，一旦被抓起来放到砧板上，真的就不挣扎了。像草鱼啊鳗鱼啊，就算被斩了头，还是要扭来扭去挣扎几下的嘛，可这鲤鱼是怎么回事，难道一上砧板它就放弃抵抗了？

真正的原因是，有经验的厨师把鲤鱼放上砧板后，手中的菜刀刀背，已经在鲤鱼的侧线划了一下了，而这就是鲤鱼的要害。侧线是它的感觉器官，特别敏感，只要在这里划一下，它马上就昏过去了，哪里还会挣扎。

51 把活鱼放进油锅那一刻，鱼是不是很痛？

把活鱼放进油锅那一刻，鱼一般都会蹦跳几下，按理说这就是痛的反应，因为痛才会拼命扭动身体。

但有研究者认为，鱼是不会痛的，因为鱼的脑部构造十分简单，而脑袋中专门有一个机构主管"疼痛"感觉，鱼脑中恰好没有这个管理机构。所以，无论是油煎活鱼，还是把活生生的鱼切开做生鱼片，鱼都不会痛。它之所以扭动身体，也不是因为痛，就像把它丢进水里它也会蹦跳一样，那都是鱼的一种本能的反应。

一般说来，欧美人是不吃生鱼片的，因为他们认为把一条活蹦乱跳的鱼血淋淋地吃掉，太残忍了。但日本人却非常喜欢吃生鱼片，他们认为鱼这种东西，只有生吃，味道才鲜美，要是杀死后再煮着吃，那就没味道了。

52 鱼是靠眼睛找到食物的吗？

其实，眼睛在鱼的捕食过程中，作用并不大。不信你可以把家里养的鱼捉起来，把它的眼睛遮住，再放回去，看看它能不能找到饵食。

科学研究发现，鱼的视力只能看到二十米那么远。而且它捕食不靠视觉，全靠嗅觉。除此之外，鱼的腹侧，还有一道侧线，这道侧线特别敏感，一点轻微的动静都逃不过它的感知，鱼也是凭这个探知周围的障碍物，或某种危险。要是把它的侧线遮住，鱼就失去了方向，很快就会撞到障碍物。鱼的眼睛，只是负责辅助它的嗅觉与侧线。

53 蝴蝶能飞越海洋吗?

帝王斑蝶一直生活在美洲大陆,可是,为了度过寒冬,它们会从北美大陆飞过海去,迁徙到南美大陆。

小小的蝴蝶,居然能飞过大海,真的是不思议。大海少说也有好几百公里吧? 蝴蝶是一口气飞过去的,还是中途得休息?

当然是要休息的。有船只路过时,它们在船上停下休息,没有船只也没关系,干脆就浮在海面上休息。可能上帝也想到它们需要在水上休息吧,所以蝴蝶的翅膀都有鳞粉,水打不湿,在水上边漂着也没关系。

54 蚊子叮人时,找血管的功夫为什么比医生还准?

很多人可能都有这样的体会,那种刚走上岗位的年轻医生或护士,因为没有太多实践经验,打针时经常找不准血管,这儿刺一下,那儿刺一下,把病人的心都刺悬了起来。

可蚊子叮人,却是一下子就找到了血管。蚊子的眼睛有红外线的吗?

回答是否定的,因为蚊子叮人根本不用眼睛。这个可恶的小东西,之所以能在任何时候找到人,并叮住人的血管吸血,并不是靠视觉,而是依靠人呼出的二氧化碳,以及皮肤中散发出来的氨基酸气味,从而找到人所处的位置。找到人之后,再凭着对人体温度的敏感,根据人体微妙的体温变化,来找到血管的位置,因而百发百准。

差不多每个人被蚊子叮咬之后,皮肤上都会出现红点,或发痒的情况,这是因蚊子的唾液中,含有一种特殊的成分,这种成分与皮肤一接

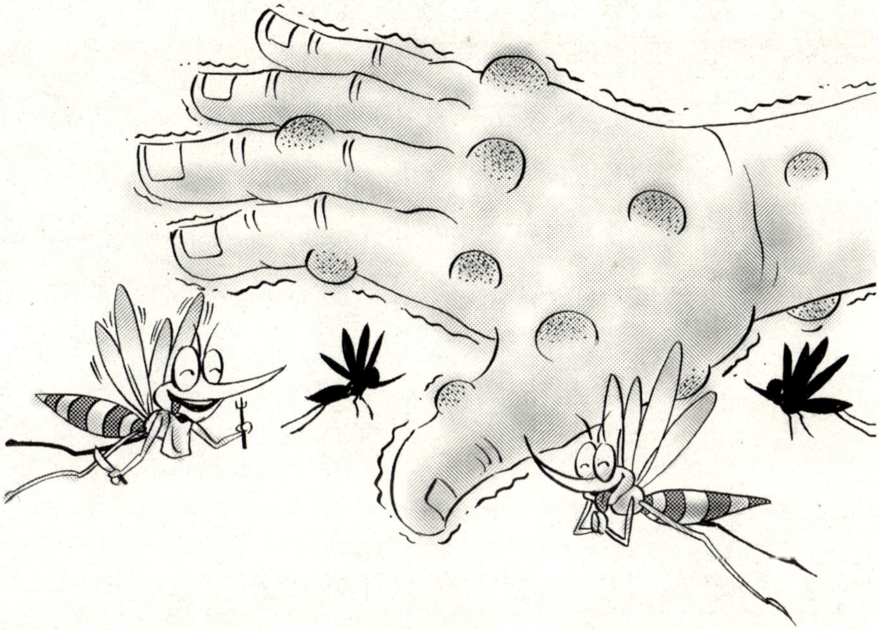

触，就会引起过敏反应，引起皮肤发痒。

55 吸人血的蚊子都是母的吗？

蚊子也是昆虫，并不是一年四季都靠人血过活，它们也吃花蜜、树汁。但是，母蚊子在生产之前，就会变成吸血鬼。特别是产卵的前几天，没有人血它就像是要疯掉一样，所以它就到处叮人吸血。

主要原因是人体血液中含的蛋白质，对蚊子还在发育的卵非常重要，为了小蚊子，母蚊子就会穷凶极恶，冒着生命危险追着人咬。

其实，这和人也是有共通性的。为了孩子，可以做任何事，这就是蚊子的母爱。

56 为什么蚊子喜欢叮咬小孩和醉鬼？

在夏天，有两类人容易被蚊子咬，一类是小孩子，另一类是酒鬼。

这是因为蚊子寻找人的方位，靠的是人吐出的二氧化碳的气味，和皮肤的温度。酒精进入肝脏，分解成二氧化碳和水，而二氧化碳又被排出体外，皮肤温度也会因酒精而有所增高，所以喝酒的人，容易被蚊子叮咬。

蚊子叮咬小孩，也是因为小孩体温会比成人高，所以蚊子容易找到他们，对他们下手。

57 蚂蚁喜欢甜食，可为什么不吃糖精？

蚂蚁这种昆虫天性勤劳，一天到晚一刻不停地工作，可能因为干活太多，所以小小的身体也要消耗很多的热量，这就得靠吃甜食来摄取糖分。可是，对甜甜的糖精，它们却是碰也不想多碰。

有人做了一个实验，在蚂蚁巢穴不远处放下白砂糖和糖精，没多一会儿，蚂蚁爬满了白砂糖。而对糖精，它们走近去看了一下，然后就走开了。专家说，蚂蚁喜欢甜食，不是因为爱吃甜味，而是需要糖分里的热量。而糖精除了有甜味以外，没有任何营养价值。

58 蚂蚁从楼上掉到地上会摔死吗？

有几个人做了一个实验，他们专门捉了一只蚂蚁，把它从二楼窗口

扔下去，楼下是早已准备好的硬板。如果是人从楼上跳下来，不摔死也会摔伤，可是，这个实验中的蚂蚁表现非常棒，它被扔了五次，可每一次都安全着陆。实验者发现，蚂蚁每次往下掉都是腹部朝下，六只脚像直升机一样，稳稳地同时着地，对身体形成了强大的保护。

实验证明，蚂蚁从高空下坠，天生就有平衡能力，所以从树上掉下来不会摔死，也不会受伤。

但有人猜测，蚂蚁摔不死，主要是因为它身体小而轻巧，而且有一个比较坚硬的外壳保护着，加上掉落过程中还会有阻力，所以下坠的速度比较慢，这样着地时，地面对身体的冲击力也很小，所以它才能安全着陆，平安无事。

于是实验者又想，要是蚂蚁一不小心从树上掉到水里呢，它会不会被淹死?

呵呵,这个实验目前还没人去做,所以暂时还没有答案。

59 蚂蚁怎么贮存过冬的食物?

到了冬天很多动物都会冬眠,蚂蚁也不例外,它们是怎么储存过冬的粮食的呢?

从夏天到秋天,蚂蚁一直在为过冬做准备,它们会往巢穴里搬运很多食物,弄成小块后,贮存在腹部的嗉囊里,这个嗉囊可以通胃,中间隔着可以打开的瓣膜。在冬天里,蚂蚁差不多就是一动不动地趴在窝里,需要进食的时候,只需打开瓣膜,食物就能进到胃里。

嗉囊就是蚂蚁贮藏食物的地方。

60 所有的蚂蚁都很勤劳吗?

研究发现,和人类一样,勤劳的并不是全部蚂蚁。在蚂蚁群中,真正卖命干活的,只占总数的 20%,剩下的 80%,看起来也像是在工作,其实老是在原地打转或发呆,根本就没干什么正经事,或者在磨洋工。

更为奇怪的是,一群蚂蚁 1000 只,其中只有 200 只拼命干活,要是把这 200 只单独分成一群,很快就只有 40 只在拼命干活了。也就是说,蚂蚁不是勤劳到底,一样会偷懒。这到底是什么原因,一时间还真把研究者难住了。

想想看，人好像也是这样的，无论是一个单位，还是一个组织，真正一心一意拼命干的人，好像也就是两成的样子。绝大多数是在偷懒或混日子。莫非这就是生物天生的性情，或者说是自然界的规律？想想真是有意思。

61 动物性行为之前也需要前戏吗？

羞于谈性是中国人的传统，很多人到今天，还把男女性行为当成繁衍子孙的一道工序。但随着时代的进步，更多的男女开始追求性事的质量。

“前戏”的重要性，性行为前的各种爱抚和感情交流，以及完事之后的继续爱抚和情感交流等，在性学家们看来，是人类作为高级动物的表现。如果没有前戏，完事之后掉头就走，便是“兽性”。

事实上，低级动物的性行为，也有前戏。比如长颈鹿，在性行为之前，会用它们的长脖子，轻轻地触摸敲击对方的身体，双方的颈子缠在一起，并伸出舌头舔对方的身体。

又比如，河马发情之时，会发出特别的声音呼唤对方，双方相聚后会热情地亲吻。

再比如，狮子在性行为之前，会轻咬对方，并用爪子互相搔抓调情。

这些表现，和人类的所说“前戏”是一样的，也就是说，不仅是人类，别的动物在性事之前，一样有前戏铺垫。

62 候鸟群总是编队飞行，“领头雁”就是他们的老大吗？

在日常生活中，我们稍细心点，就会发现雁、鹤等候鸟从头顶掠过之时，几乎都是一群一群的集体行动，队形有时像“人”字形，有时像“U”字形，就像经过严格的排练似的。

在珠海航展上，我们看过世界各国的特技飞行队表演，这些飞行队无一例外都有一个老大(队长)，是不是说，候鸟的飞行队伍中，也得有一个老大呢？要不然，怎么飞得出那么好，那么有秩序的队形？

然而，实际情况是，候鸟的飞行没有老大，它们由几个家族一起长途飞行，却没有谁是绝对的“领头雁”。

一般情况下，我们都认为，“人”字形最前面的那只鸟就是“领头雁”，就是这群鸟中的老大，它一直排在前头，带领队伍向前飞行。而事实上，候鸟在飞行过程中，每一只鸟的位置都不是固定的，而是随时都在变化，谁都会是“领头雁”，但又谁都不是老大。

至于队伍为什么能飞出完美的“人”字形，秘密在于，只有这样编队飞行，才能交替喘息，才能更好地利用空气中的上升气流，以便节省体力，才能认准方向，不会走散或掉队。这是它们在长途旅行中，总结出来的生存智慧。也是它们在自然界中生存的一种本能。

63 一到冬天就看不到苍蝇了，它们是冬眠了，还是死了？

有科学家称，在夏天，一只公苍蝇和一只母苍蝇，可以生产 325 兆 9232 亿只小苍蝇。想想都觉得可怕！可是，这么庞大的苍蝇群，为什么一到冬天就全都看不到了呢?

是它们都像蛇一样,躲在家里冬眠了吗?回答是否定的。因为一到冬天,大部分的苍蝇都只有死路一条。

科学研究发现,苍蝇的平均寿命大约是一到三周,其生存的条件有两个:一个是充足的食物,另一个是温暖的气候。寒冷是苍蝇的天敌。

所以,在北方,冬天的苍蝇成活率就比南方低得多。科学家们称,在325兆只苍蝇中,大概只有一只能挨过寒冬,而这只活下来的苍蝇,等气候转暖,就会拼命生产孩子,繁衍后代。于是,我们很快又看到了苍蝇讨厌的身影。

64 在昆虫界,蚂蚁的记忆力最好吗?

在众多的昆虫里边,没有谁比蚂蚁的记忆力更好。在人的眼里,蚂蚁不单聪明,而且勤劳,它们日复一日、年复一年,默默地坚持劳动。蚂蚁勤劳的工作态度,从古至今都是人类的榜样。

要是我们想观察一只蚂蚁,可以在它面前放一些糖屑,其重量必须超过一只蚂蚁的搬运能力。这样,蚂蚁就会转身回去,找同伴过来帮忙。这时你细心跟随就会发现,不管路有多远,蚂蚁都能找到自己的巢穴,然后,它叫上伙伴一起上路,沿着先前的路线,回到有糖屑的地方,要不了多久,你就会看到,从蚂蚁巢穴到与糖屑之间的路上,出现了整齐的蚂蚁队伍。

蚂蚁为什么不会迷路呢?如果以蚂蚁的体型和人相比,就算是几米远的路,也相当于人走几公里,要想记住从巢穴到糖屑间的路,真的不是一件容易的事，它们又不会看地图，怎么就那么准确地找到先前的糖屑了呢？

关于这个问题，有两个答案：

一种说法是：就像狗走远路时，会沿路拉尿做气味的标志一样，蚂蚁也会从自己身上分泌出费洛蒙，留在地上作为路标。

另一种说法是：蚂蚁的触须与众不同，它具有记忆功能，记得曾经走过的路，所以找路对它来说，并不是什么难事。

对这两种说法，科学家比较认同前一种。因为很多动物都靠自身的气味识路。估计蚂蚁也不会例外。

65 鱼也会像人一样放屁吗？

可以想象一下，鱼是在水中生活的，要是它也会放屁，那么情况就像人泡在水里放屁一样，噗噗地往上冒泡。有兴趣的不妨好好观察鱼缸、水族箱中的鱼，看看它们的身体尾部，会不会出现冒泡的情况。

有人做过实验，把泥鳅捉起来，放在有泥土的鱼缸里，然后耐心地观察它的举动。果然，当泥鳅的头冒出水面，然后又潜入水中，这时就可以看到泥鳅放屁冒泡了。

具体原因，是由于泥鳅的头探出水面，张嘴吸入了空气中的氧气，然后通过“肠呼吸”，等它再往水下潜的时候，就会出现放屁的情况。于是，观察者便可看见它的尾部，噗噗地往外冒泡。

据说，除了泥鳅，别的鱼类也会放屁。因为食物里边一旦混入空气，就会在肠中发酵，并形成气体排出，而这个气体就是人们所说的屁。

66 哪儿开始才是真正的蛇尾巴?

在很多印度老电影中,都会有玩蛇的人,他们靠在街上玩这类杂耍,迷惑并接近敌人,伺机实施打击。有时就会看到他们提着蛇尾巴转圈,吓得路人哇哇叫。看中央电视台赵忠祥主持的《动物世界》,经常都会看到毒蛇出没。它们昂头摆尾,十分吓人。这么一条长的蛇,到底从哪儿开始,才是它的尾部呢?

其实,要分清蛇的头部、身体和尾部并不难,因这三部分有比较明显的区分。

只需把蛇翻过来看,就能找出这几个不同的部分:蛇腹部一定有鳞片排列,当鳞片的大小幅度,从某个部分开始慢慢变宽,蛇的“泄殖腔”

(肛门)就在这个位的附近了，过了泄殖腔，就是蛇的尾巴。

67 狗尿尿时，为什么一定抬起一只脚？

面对这个问题，有人开玩笑说，因为两只脚都抬起来的话，狗肯定就会跌倒。这当然不是正确的答案。

其实，狗抬起一只脚尿尿不是怕跌倒，更不是天生就这样，而是生存的需要。抬起一只脚尿的目的，是想把尿喷洒到树木、电线杆，或墙壁上比较高的位置，这样就能将它的气味传得更远，也利于分辨。之所以要这样做，目的是想让别的狗知道，这个地盘已经有主人了。

狗鼻子比人鼻子灵敏得多，它能嗅出人类根本无法闻到的气味，它抬脚尿尿，为的就是留下自己的气味，提醒别的狗，不要随便侵入，免得引发战争。

68 动物老了也会有白头发吗？

有些年长的狗和猫嘴边的毛会变白。

如果不算现在流行的“少年白”。按自然规律，人年老之后，会在耳边、鬓角上方长出白发。而动物如狗和猫，老了毛也会变白，只是不是从头上开始，而是从嘴边开始。

嘴边的毛变白，是动物衰老的迹象。狗、猫进入老年，除了嘴边的毛变白，脸和头部的毛也会跟随着失去光泽，色泽也慢慢变浅。

浑身黑毛的大猩猩，它们变化的迹象更明显，因为它们的白毛从背部开始，一看就知道它们老了。对白兔子和北极熊来说，因为它们本身就是白毛，不细心分辨，还真搞不清它们的年纪，但仔细看，还是可以分辨出年轻时的白毛和年老时的白毛不一样。

动物年老时，毛和人的头发一样会变白，但这不是说它全身的毛都会变白。比如老斑马，再怎么变，也不可能变成白马。

69 动物也做梦吗？

人睡觉要做梦，那么动物呢，它们睡觉也会做梦吗？

这似乎有些滑稽，但事实是，动物也会做梦。

科学家经研究得出了结论：大部分爬行动物不会做梦；鸟类都会做梦，不过大多数种类只做短暂的梦；各种哺乳动物，如猫、狗、马等家畜，还有大象、老鼠、刺猬、松鼠、鼠、犰狳、蝙蝠等野生兽类都会做梦，有的做梦较频繁，有的则少些；鱼类、两栖动物和无脊动物都不会做梦。

研究动物做梦是一个饶有兴趣的问题。动物做梦，它们到底梦见了什么？人们很想搞清这个问题。然而动物不会说话，无法告诉我们，这确实是个难题。

70 所有海獭都躺在水面上吃东西吗？

海獭吃东西的习惯最富有特色，它总是仰面朝天躺在水面上，慢慢

地享用美食。

海獭喜欢吃蛤蜊、贻贝等硬壳贝类，为了敲开硬壳，它会往肚子上放一块石头，然后抓着蛤蜊、贻贝，使劲往石头上撞，等撞破硬壳后，里边的肉就露出来了。然后，海獭就可以美美地享用了。所有海獭都这样进食，这差不多就是世间奇观。

更令人好奇的是，所有海獭放在肚子上的石头，其大小基本上都在十八厘米左右。

海獭捕获到贝类之后，就躺在水面上，往肚子上放一块石头，然后抓起猎物，朝石头上撞，一秒钟可以撞两次。等敲开贝壳后，便把前脚举起来（大约与身体成九十度），开始享用美食。

海獭吃东西绝对离不开石头，石头对它们来说，就像是人类的厨具。

所以，海獭每次吃完东西，都会把石头放到侧腹的皮囊里收藏起来，免得下次吃东西时到处找石头。当然，要是它们要搬家了，找到并确定新居后，它们会把石头藏在栖身的地方。如果没确定住在哪里，它们一定不会丢下随身携带的石头，更不会把石头放在陆地上。谁敢保证石头不会被坏家伙们拿走呢？它们一定会这样担心。

海獭这东西，真是可爱得让人拍案叫绝！

71 树懒老是倒挂在树上干什么？

树懒在人类看来，可能是天底下最懒的家伙了，所以才会给它取了这么一个懒汉名。可能很多人都想不明白，树懒好像一辈子都倒挂在树枝下，虽说那是在风景宜人的热带雨林里，可老是那样挂着，就算是在皇宫里也没什么意思啊！它们把自己挂在树上，到底在干什么呢？

是的，树懒总是倒挂在树上，它们靠吃树的叶子、花、芽等过活。它们一定练过中国功夫，并且出神入化，就连睡觉和生孩子，都可以倒挂在树上完成，谁也别想改变它们古老的传统。

树懒有时也会换个地方，可是，它们太爱自己居住过的家了，所以往别的地方走对它们来说太难，就算是只有十公分那么一点距离，至少也要半分钟才能到达。

树懒为什么这么懒啊？其实这真是冤枉了它们，它们原本也是不想当懒虫的，可是，在它们周围，到处都是鸶、美洲豹，这些家伙可都是它们的天敌，只要稍微动一下，说不定就被发现了，接下来就可能成为别人的美餐。没办法，为了保命，还是一动不动地挂在树上吧。

因为树懒的皮毛上，长着一种像树叶一样呈淡绿色的藻菌，它藏在树叶里，不容易被敌人发现，从而在一定程度上保证了自身的安全。

72 什么动物放屁就像是地震？

动物都会放屁，以排掉腹中的废气。凡是养有猫、狗的人，更不会对动物放屁感到惊讶。然而，要是哪天你听到大象放屁，好家伙，跟地震没什么区别，绝对吓人一大跳。

据说有刚参加工作不久的饲育员，有一天，她正在动物园里干活，突然听到“噗”的一声巨响，关动物的栅栏被震得咕咕响，她的第一反应就是地震了，当场吓得掉头就跑。

大象是草食动物，从它的巨型个头看就可以想到，它将吃掉多少草，而这大量的草在胃里发酵之后，会产生大量的废气，这就是放屁的根源。可是，在动物园，我们却很少听到大象放屁，不是它故意要把屁集中起来，一次性地放得山摇地动，而是它站着的时候，肛门的皱褶比较松弛，气体通过就没有什么声音。但是，当它睡觉时，胃部受到压迫，这时放屁就会震天响。

据说，狮子和老虎因为吃生肉，肠子里边酸度高，放出的臭屁，能熏死人。

73 再高明的驯马师，也无法驯服斑马吗？

蒙古人好像天生就会驯马，这是因为他们的祖先是游牧民族，小孩子两岁就学骑马，平常上街买盐巴打豆油，都骑马去。所以他们人人善骑，驯马也有一手。他们驯马的秘诀其实很简单，就是骑上马之后，随便马怎么跳，都不要被甩下来。这样坚持下去，马累了，跳不动了，就认输了。

可是，就算是最高明的蒙古驯马师，也没法驯服斑马。

斑马这个东西看起来很好看，可要是谁想骑它，那可不是件省心的事。因为它们对人类保持着十分的警惕，根本就不受控制。

算起来，人类驯养马类以供骑坐，已有几千年的历史了，经验不可谓不丰富，更有先人发明了人为的配种方式，把马儿变得越来越听话，可是，斑马不信这个邪，它们从来就不配合人类的努力。所以，斑马才是真正的野性十足。

74 在猿猴社会里，被打败的公猴何去何从？

在猿猴社会中，也有希特勒似的独裁者。虽说是独裁者，别的成员却不一定都听它指挥。

为了争一只母猴，公猴们会拳脚相向，打得头破血流。按规矩，被打败的公猴得自动离开猴群，浪迹天涯。

日本京都大学的灵长类研究所，在猿猴研究领域，名列世界先进，经过多年持续观察，发现了猿猴社会的很多特征。最后得出结论：猿猴社会和人类社会有着很多共通之处。

75 猴子也有同性恋吗？

不要以为只有人类才有同性恋，其实猴子的世界里也有同性恋。不少猴子会有亲昵的行为，互相摩擦性器官，直至产生高潮为止。不过人类的同性恋是有感情存在，但猴子的同性恋就完全没有感情因素，因为猴子的脑容量只是人类的五分之一，无法思考同性之间复杂的感情，同性恋也只是为了寻求快感，单纯享受爱抚和性行为而已！

76 麻雀伤心的时候会流泪吗？

鸟与人类的区别，有一点就是它们不会像人一样，悲伤的时候哭，高兴的时候也哭。它们不会因为情感波动而流泪。但麻雀是有眼泪的，只不过它的眼泪是用来防止角膜干燥，要是眼睛生病了，也会有泪光。

麻雀分泌的泪液之所以流不出来，主要原因是它的三层眼睑。真可谓是层层阻碍，加上泪水太少，根本不可能像人一样哗哗流。

有人为此做过试验，到自然公园去找了一只麻雀，往它眼睛上放上滤纸，把眼泪弄到手后，想称一下有多重，可是因为太轻了，计量器度数一动不动，根本就没法测出重量。

77 为什么鸟类的皮肤总是有疙瘩呢？

鸟类有羽毛，而且鸟全靠羽毛才能飞上天，它们身上的疙瘩，其实是为了保护厚重的羽毛不至于在飞翔中脱落。

鸟身上看起来像疙瘩的东西，其实就是它发达的肌肉，它的作用就是在寒冷的时候，把厚重的羽毛竖起来，保持身体的温度。这可是个力气活，所以鸟类皮肤的毛孔都比较大，看起来就像是一颗一颗的肉粒。也就是疙瘩。

至于我们日常所说“浑身起鸡皮疙瘩”，那不是说鸡，而是说人。

78 “母爱”真的可以跨越不同物种之间吗？

日本作家畑正宪所，曾经创建过一个动物园，有只小北狐生下来没奶吃，作家急得不知如何是好。没想到，一只叫小布的柴犬，竟然像母亲一样，给小北狐奶吃，最后小北狐得以活命。

一只狗为什么会养一只狐呢？其中的奥妙，就是动物婴儿身上，都有一种刺激母性本能的气味，这种气味非常奇怪，可以跨越不同种类的动物。人们不时会在报上看到狗会给猫崽喂奶，其实也是这个原因。同理，人的婴儿身上，也散发着一种气味，可以刺激动物的母性本能。

报纸曾报道过，外国有两个少女是狼养大的，她们是两姐妹，被人们称为“狼童”，很多人都觉得惊奇，狼不是天性凶残吗，按理应当吃掉她们，可狼偏偏把她们奶大了。

专家称，狼帮人养小孩绝对是偶然事件，也许是那头狼刚刚失去自己的小狼崽，或者刚好是处于哺乳期，又刚好遇到两个女婴，婴儿身上的特殊气味，唤起了它的母性，于是才会发生这样的怪事。

总的来说，狼是会吃人的，婴儿也不例外。

79 千鸟到底有几根脚趾?

千鸟和别的鸟的很大不同，就是它只有三根脚趾。而更大的不同，就是千鸟没有后脚趾，没有后脚趾怎么走路呢?当然也可以走路，只不过走起路来总是摇摇晃晃的，就像是酒鬼喝高了，东倒西歪，随时都会摔倒的样子。

千鸟永远都是摇摇晃晃的，无论是觅食、啄饵，还是做别的什么事。它行走的样子，后来就被人借用来形容酒鬼走路，叫“千鸟足”。

80 食物中毒会发生在动物身上吗?

不时会听到关于食物中毒的新闻。其实人类的饮食文化历史，就是一部食物中毒的历史。人类因为吃毒蕈、河豚、蘑菇中毒死亡的事并不少见，因为有过这种惨痛的经历，后世之人才知道什么东西不能吃。

但奇怪的是，很少听说牛、羊等草食动物，发生食物中毒的事情，它们天生就能分辨什么草可吃，什么草有毒?

科学实验表明，动物有一种本能，这种本能会告诉它们，在自然界中，什么东西可以吃，什么东西不能吃，所以没听说有动物吃错东西被毒死。

但也有例外，据说有一种草叫“马醉木”，马要是吃了，会头晕目眩，走路都走不稳，因为有傻子马吃过这种东西中了招儿，所以才有了“马醉木”之名。

81 牛吃的是草，为什么能长得那么壮呢？

人要是天天只吃蔬菜，容易营养不良，身体多病。但牛是草食动物，所以就算是吃草也能长很多肉。

说得对，但不全对。

真正的原因是，牛的消化器官构造，和人完全不一样，牛有4个胃，肠子长度，更是体长的20倍。而且，在牛的胃肠中，有100万个特殊的微生物，能将吃进去的草，分解为蛋白质。之后，这100万个微生物，也会被牛的肠胃，当成蛋白质的来源统统消化掉。

超强的消化能力，是牛光吃草也能长肉的秘密。

82 马都是站着睡觉的吗？

马是可以站着睡，但是如果它们感觉安全，而且地方宽裕，那么它们倒是很乐于躺下来睡的。据养马专家介绍，一群马或是一个马厩里面，绝对不会所有的马都同时躺下来睡觉，永远都会有一匹站着而且守卫着！

83 老鼠是怎么识别人类语言的？

如果把你扔到联合国大会的会场，七嘴八舌的各国语言准保三分钟内就让你晕菜。不过老鼠却能够根据说话节奏，判断出一个人是日本人还是荷兰人。

最近，一组研究人员就老鼠对荷兰语和日语这两种风格迥异的语言的不同反应进行了观测。结果发现，那些听日语作出反应的老鼠，对荷兰语没有反应，而接受荷拦语识别训练的老鼠，则对日语没有反应。研究人员还发现，老鼠可以分辨同一说话者所读的自然断句的语句，但是如果出自不同的人之口，它们就分辨不出来，这一点和人类的新生儿几乎完全一样。

84 为什么说候鸟都是笨鸟？

并不是所有鸟类都靠迁徙过冬的，有的鸟类就从不迁徙。西班牙巴塞罗那独立大学一个研究小组在收集了 134 种鸟类的大脑数据后得出结论，那是因为不迁徙的鸟儿比迁徙的鸟聪明。研究者指出，留在当地过冬的鸟平均会使用四种以上新的觅食方法，短距离迁徙的鸟平均掌握三种类似的新技术，而长途飞行到撒哈拉沙漠过冬的鸟类则只掌握一种。这种区别还体现在大脑的容积上，不迁徙的鸟大脑容积普遍比候鸟大。以往科学家认为，这是候鸟减少体重从而减少能量消耗的一种办法，但新的研究却指出，候鸟的“笨”或许与此有关。

85 蚯蚓的眼睛和耳朵长在哪？

相信没有人能找到蚯蚓的眼睛和耳朵，因为蚯蚓没有眼睛和耳朵。

蚯蚓虽然没有眼睛这一器官，但一样能感知光。它的体表有很多感光细胞，受到光的刺激后，通过神经传递，就能感知外界的明暗变化了，也就能分辨白天和黑夜了。

据说，达尔文曾对蚯蚓做过实验：他在蚯蚓身边敲锣打鼓或播放优美动听的音乐，结果蚯蚓毫无反应，由此可以证明蚯蚓是没有耳朵的。但是，当他在蚯蚓的洞口敲击盆子时，蚯蚓却迅速缩回洞口了，这又是为什么呢？原来，蚯蚓虽然没有耳朵，但是它的触觉细胞非常发达，敲击洞口的声音对它没有影响，但是因此造成的震动却让它轻易就感觉到了。

86 鳄鱼也会哭吗？

有句歇后语是这么说的"鳄鱼的眼泪——假慈悲"，鳄鱼真的会哭吗？

实际上，我们常见到的鳄鱼"眼泪"是它在排泄体内多余盐分的过程中产生的。鳄鱼的眼睛旁边有分泌盐分的盐腺(注意，是盐腺，不是泪腺)，在它们吃东西的时候，盐腺就开始工作了，排出一种盐溶液，顺着眼角下流，让看到的人以为，鳄鱼还会流眼泪！其实，那不是泪水，鳄鱼也根本不会哭泣！

87 墨鱼是鱼吗？

其实，墨鱼虽然有一个"鱼"字，但并不是鱼。墨鱼还有一个名字叫乌贼，是一种软体动物，和牡蛎、扇贝等是一个家族的，可以算作是贝类，只不过它身上的贝壳逐渐退化成了包在身体内部用来支撑身体的"墨鱼骨"。

鱼是一种脊椎动物，而墨鱼是没有脊椎的；鱼用鳍游泳，而墨鱼是靠腹部下面的漏斗喷水推动自己的身体前行。

88 跳蚤可以跳多高？

跳蚤的体型很小，只有 0.5~3 毫米，体重仅 200 毫克左右，可是往上跳的高度却可达 350 毫米。也就是说，跳的高度是其身体的一百多倍。

更加令人惊奇的是，跳蚤每四秒钟跳一次，能够连续不断地跳 78 小时。垂直起跳所用的力为地球引力的 140 倍，也就是说，是它自身重量的 140 倍。若按正常旅行速度需 100 年才能到达的星球，按跳蚤跳跃时的速度计算，只要一年就够了。

89 你知道可爱的海星也吃肉吗？

海星是一种生活在浅海的动物。大多数的海星看起来都像一个五角星，而且有很多种颜色，身体柔软，所以显得比较漂亮、可爱。但是，千万别小看了海星，它可是一种贪婪的肉食动物呢。

海星的主要捕食对象是一些行动较迟缓的海洋动物，如贝类、海胆、螃蟹等。它常常是慢慢接近猎物，用腕上的管足捉住猎物并将整个身体包住它，再将胃袋从口中吐出、利用消化酶让猎获物在其体外溶解并慢慢将其吸收。

90 蟑螂和蚂蚁为什么打架？

据说，有蟑螂的地方就没有蚂蚁，而有蚂蚁的地方就没有蟑螂。为什么它们不能共存呢？如果它们在一起的话，会打架吗？

蟑螂喜欢群居生活，但它们是单独出去寻找食物的，而蚂蚁喜欢集体觅食。蟑螂和蚂蚁虽然习性不同，但相同的是，它们有了属于自己的窝之后就不会随便搬离。

如果蚂蚁和蟑螂共同生活在一个屋檐下，它们会打起架来，然后把对方赶出去的。虽然蟑螂的体积比蚂蚁大许多，可以把蚂蚁捉来吃掉，但是蚂蚁虽小，却会向蟑螂发起挑衅，那就是集合蚂蚁群，找出蟑螂的卵并吃掉它们。一只蟑螂和一只蚂蚁打架的话，当然是蟑螂赢。但是一只蟑螂面对一群蚂蚁时，赢的却是蚂蚁。蚂蚁的团队精神是使蟑螂感到害怕的最佳武器。

当然，如果有足够的空间和食物让蟑螂和蚂蚁一起生存的话，它们并不会打架。它们会相安无事地一起生活下去，因为不用互相争抢食物吃。

91 动物也有方言吗？

人类由于居住地区的不同，而产生了各种各样的方言。那么，动物有没有方言呢？这一饶有风趣的问题，过去一直被人们认为是不可思议的事情。可是近年来，不少迹象表明，动物与人类一样，不但有通用语言，还有其特有的地方方言。

早在 20 世纪 70 年代，美国著名鲸类学家罗杰斯·佩恩夫妇在考察座头鲸时，发现这种鲸不仅能够唱优美动听的歌，而且生活在不同海区的座头鲸唱的歌是不同的。

美国学者 J·德莱斯和 W·埃帕斯将海豚的语言归纳为 32 种类型，研究了哪种海豚会讲哪种语言。日本大学黑木敏郎教授对海豚语言的研究更有成效，他认为海豚的语言同人类的语言十分相似，不仅有通用的

“普通话”，而且还有各自特有的“方言”。

英国媒体报道，伦敦米德尔塞克斯大学研究者分别在伦敦城郊和英格兰西南部康沃尔郡的农场中录下了当地鸭子的叫声，结果发现两地鸭的声音有很大的不同。

美国圣迭戈的哈布斯海洋世界研究所的珍妮特·托马斯，以及加拿大野生动物服务中心的兰·斯特林两位科学家在南极洲考察海豹时，发现南极半岛海域的威德尔海豹与麦克默多海峡海域的威德尔海豹发出的声音也有明显差异。前者只有 21 种叫声来传送语言信息，后者却用 34 种叫声来进行语言交流。

可见方言并不是人类所特有的，问题在于我们现在还不了解动物方言的含义，它们中间是否有一些“先知者”充当翻译，使它们和人类一样通过译员彼此广泛通话，可惜迄今还一无所知。

92 老虎真的不会爬树吗？

传说老虎跟猫学艺，把猫的技艺都学会了，就想把猫吃了。但是猫留了一手，“蹭”一下爬到树上去了。老虎没学会爬树，只能干瞪眼。这个故事是要告诉我们，人不能过河拆桥、忘恩负义。

那么，老虎真的不会爬树吗？其实，老虎是会爬树的，尤其是幼年的老虎。

猫科动物基本上都会爬树，老虎也不例外。但是，老虎的体型较大，上树、下树并不方便。要它像猫或豹那样在树上跳跃不现实。小老虎爬树是要去找一些树上的食物，诸如鸟蛋，不会飞的鸟之类。成年老虎就没有这个必要了。所以，除非不得已，老虎轻易是不会爬到树上去的。这样，人们就很难看到老虎爬树，也就误以为老虎不会爬树，才有了那个传说。

93 狮子和老虎谁更厉害？

狮子和老虎：一个生活在非洲大草原，一个生活在亚洲丛林，两者相距遥远，在野外根本不会相遇，谁更厉害这个问题本来也说不上来。只不过有了人这种好奇而又喜好折腾的生物，人为地将它们放在一起作比较。

早在古罗马时代，人们对于狮子和老虎谁更厉害这个问题就产生了浓厚的兴趣。当时的执政官曾安排狮子和老虎在斗兽场中进行了一系列的格斗比赛，总共进行了十次，结果，老虎以七比三的战绩遥遥领先于狮子。

从体形来讲，一般而言，纬度越高、温度越低的地区，动物的体形也就越大。北方人相比南方人，块头就要大些。狮子多分布于非洲低纬度地区，老虎多分布于亚洲高纬度地区。成年非洲雄狮一般体长 2.5 米，体重 200 公斤；成年东北虎一般体长 3 米，体重 300 公斤。

从捕猎技能来讲，狮子的捕猎技能比较差，耐力与速度也相对较弱，属于群居动物，多是群体作战、群聚捕猎。而老虎则是典型的独居动物，它们力量、速度都是一流，还能上树、游泳，单独捕猎成功率很高。

所以，如果是单挑的话，老虎胜算大得多，它应该是真正的“万兽之王”！但如果群殴的话，老虎的协同作战能力较弱，凑在一起也是乌合之众，很容易就散了，造成一对多的局面，毕竟“双拳难敌四手”，只怕还是“三十六计走为上”了。

94 猴子真有那么喜欢捉虱子吗？

我们去动物园，经常会看到这样一幅景象，一只猴子在另一只猴子身上找来找去，还不停往嘴里放，好像是在捉虱子吃。

其实，这又是人们的想当然。实际上，猴子比较注重卫生，身上一般不会长虱子。

猴子彼此之间用手指在对方身体上搜寻的东西其实是盐粒，汗水蒸发后残留的，然后丢入口中。因为灵长动物很难从它们的食物中获得盐分，这正好让它们可以补充身体中的盐分。

95 鸳鸯真有那么专一吗？

鸳鸯在人们的心目中是永恒爱情的象征，是一夫一妻、相亲相爱、白头偕老的表率，有人甚至认为鸳鸯一旦结为配偶，便陪伴终生，即使一方不幸死亡，另一方也不再寻觅新的配偶，而是孤独凄凉地度过余生。

确实，我们看到鸳鸯经常成双入对，在水面上相亲相爱，悠闲自得，风韵迷人。

事实上，鸳鸯在生活中并非总是成对生活的，配偶更非终生不变，鸳鸯只是在繁殖期间才会配对形影不离，而在非繁殖期，都是群体生活的，且在鸳鸯的群体中，雌鸟也往往多于雄鸟。

96 海豚不睡觉的吗?

海豚是哺乳动物，用肺呼吸，不能像鱼那样用腮直接在水中呼吸。必须隔一段时间就浮出水面换气，如果它们在水中持续睡觉，将会因为无法呼吸而死，那它们是怎么睡觉的呢？

海豚在游泳时，有时会闭上其中的一只眼睛，过一段时间，就会换另外一只眼睛。经测试它们的脑电波得知，它们某一边的脑部会呈睡眠状态。即是，它们虽然持续游泳，但左右两边的脑部却在轮流休息。

原来，海豚能一边睡觉一边游泳。它有两个脑半球，当它的左脑工作时，右脑则充分休息；右脑工作时，左脑则充分休息。

美国学者曾做过实验，将海豚托出水面，放在平台上，给它注射了不能致死剂量的麻醉剂。半小时后，海豚非常难受，接着呼吸越来越弱，最后心脏停止了跳动。这是因为麻醉使海豚大脑的两个半球都处于睡眠状态，使其中枢神经失效，因而停止工作导致死亡。

因此，我们可以说——海豚是不用睡觉的，一旦睡觉，就永远睡过去了！

97 猪尾巴为什么都是弯曲的?

也许你会觉得奇怪，猪的尾巴怎么都是弯曲的呢？

事实上，正常健康的猪，它的尾巴还真是弯曲的。这是因为，从前人们驯养猪，认为尾巴弯曲的种群不易染病；于是经过筛选、繁殖，猪的尾巴就逐渐变成弯曲的了。

但是，现在很多养猪场，为了减少能量的消耗，利于小猪的生长，以及防止小猪互相咬尾巴，会把猪的尾巴剪短。剪短的尾巴就不能弯曲了。也许有一天，经过新的筛选，猪的尾巴都不再弯曲了，而是变成短短的一小截。

98 兔子都喜欢吃胡萝卜吗？

这个，绝对是童话惹的祸！童话故事里，兔子都吃胡萝卜，而且似乎只吃胡萝卜。养过兔子的人都知道，兔子是杂食性动物，吃的东西很多，白菜、生菜等什么都吃的，但是反而比较少吃胡萝卜。

同时，因为兔子以新鲜的水果、蔬菜为主食，日常食物即可满足其基本水分需求，再加上兔子的肠胃比较娇贵，如果大量饮水，很容易产生腹泻，严重时甚至一命呜呼。所以，兔子很少会单独喝水，但不是不能喝水。

还有些人认为兔子不能洗澡，这也是误区。实际上，兔子是会游泳的，所以洗澡也不是问题，只要注意不因此受寒就可以了。

Part 4

吃吃喝喝知多少

1 白萝卜磨碎之后，为什么就变辣了？

生吃白萝卜，会觉得有点甘甜。要是把白萝卜磨碎成泥，就辣得要命。其原因就是磨的过程破坏了白萝卜的成分结构，使白萝卜变得像“芥末”一样。

不过，这种辣味并不持久，只要放一阵就会消失，加热也很容易挥发，恢复甘甜。实在等不得，就加几滴醋进去，减少辣味。

喜欢吃辣的人，可以将春、夏季节的白萝卜磨碎，这个时候的辣非同小可，完全可以让你过足辣瘾。

2 炒栗子时为什么要放沙子？

炒板栗的锅里都放有很多炒得黑黑的沙子，那些沙子有什么用呢？

原来，往锅里放沙子，是为了让栗子在锅里受热均匀，更容易炒熟。栗子又大又圆，如果直接在锅里炒，就容易因为受热不均匀，出现一面还没有熟,一面已经焦了的情况。放了沙子之后,滚烫的沙子就会包裹着栗子,使得栗子受热均匀,很快就熟透了。

3 怎样区分生熟鸡蛋?

区分鸡蛋生熟的方法很多,可将鸡蛋大头向下旋转,先倒下的鸡蛋是生鸡蛋。因为生鸡蛋内部的蛋清和蛋黄不是固体状态,在蛋壳里也不对称,旋转时就没办法像熟鸡蛋那样直立转动较长时间,会先停下来。

也可以把鸡蛋放在盘子里转动,用手指在蛋上施力,让它减速,在鸡蛋将要停下来的瞬间,马上松开,哪个蛋继续转,就是生蛋。因为在生鸡蛋要被我们按住时,它内部的液体仍继续做惯性运动,只要手一拿开,蛋清和蛋黄就又会带动着壳转动下去,熟鸡蛋里面已是固体状态,就不会这样。

4 世界最贵咖啡是"猫屎"?

目前,市面上最贵的咖啡是努瓦克咖啡。努瓦克咖啡被称为"尚存品种中最稀有的咖啡",产自印度尼西亚的苏门答腊岛。在这里,每到咖啡浆果成熟的季节,当地农民就有意用咖啡浆果喂养印尼独有的一种棕榈猫(俗称麝香猫)。之后,他们就开始收集麝香猫的粪便。麝香猫没有消化的咖啡豆,外壳更为厚实坚硬,也更合农民的心意。农民先将混在一起的咖啡豆和麝香猫粪便在太阳底下晒干,而后进行彻底清洗、除臭和轻度烘焙、研磨等加工工序。这样,拥有独特味道和口感的咖啡就可以包装上市了。

努瓦克咖啡如黑巧克力般润滑，并带有泥土和麝香的气息，可谓咖啡中的极品。再加上特殊而严苛的加工，使得努瓦克咖啡产量极少。因此，喝努瓦克咖啡成为了一种时尚，而努瓦克咖啡也是名副其实的奢侈品。

据相关研究人员说，麝香猫的消化液可以将咖啡豆中的蛋白质分解成非常小的颗粒，而这会加强咖啡在研磨过程中的香味。此外，麝香猫的肠道能过滤掉一些特定的蛋白质，从而减少咖啡的苦味。研究人员还表示，咖啡豆经过麝香猫肠胃的过程非常类似于对咖啡进行发酵时的湿加工过程，而在这两个过程中起关键作用的都是乳酸菌。

还有，根据努瓦克咖啡销售人员的建议，如果你想用努瓦克咖啡招待客人，要么永远不要告诉他真相，要么事先说清楚咖啡的来历，让他自己决定喝还是不喝，以免他反应过度。

5 为什么牛奶是白色的，而奶油却是黄色的？

奶油是牛奶制成的，只是白色的牛奶做成的奶油却是黄色的，这就很让人奇怪，很多人都不知道答案。

原来，牛奶呈现白色，是因为牛奶的脂肪颗粒是圆的，上边包着一层膜，也就是所谓的“脂肪球”。这些小圆球粒聚在一起时，散发出来的光泽看起来就是白色的。

牛奶经过搅拌工艺后，就成了奶油。因为搅拌过程会破坏脂肪球的膜，而膜下黄色的脂肪露了出来。于是，人们看到的奶油便成了黄色的。

有趣的是，在一年四季中，脂肪的颜色会有小小的变化，比如春、夏，因为奶牛吃的草很新鲜，产下的牛奶做成奶油，颜色就比较黄。要是在秋冬季节吃干草，产下的牛奶制成奶油，颜色就没那么黄。一般说来，消费者更愿意购买黄色奶油，所以生产商就往不那么黄的奶油里加色素，以统一奶油的颜色，在满足消费者的同时，多赚点钱。

6 啤酒瓶盖上有多少个锯齿？

19 世纪末，英国有一个叫威廉·潘特的人，发明了啤酒瓶盖，他当时一直在想办法，不让二氧化碳从啤酒瓶里跑掉，可是，很多盖子都无法做到这点。最后，他想出了一个特殊的办法，在瓶盖上加上 21 个锯齿。

为什么是 21 个，不是 22 个？原理来自应用力学：要想固定一个物体，两点或者四点都不如用三点稳固。但三个点的啤酒瓶盖，是盖不住二氧化碳的。为了让盖子和瓶口合为一体，他试着以三的倍数往上加，最后终于做出了 21 个锯齿的盖子。

对这个盖子，很多啤酒厂商都想改动，可是，无论是增还是减，都没做出比这更科学的盖子。没办法，只好一直用有 21 个锯齿的盖子。

7 为什么晒干的食品可以放很久？

夏天生鱼肉要是不放冰箱里，一晚上就会腐烂发臭，为什么鱼干却可以放很长时间？

原因是生鱼肉里边有水分，细菌、酵母菌、霉菌等微生物，在起劲地分解蛋白质和脂肪。而鱼干里没有水分，微生物根本就动不了，所以不会那么快腐烂。

所以，做鱼干一定把鱼放在太阳底下曝晒，把水分全部蒸发掉，这样微生物就没办法繁殖，也就起到了防腐作用。另外，还可以先用盐水把鱼泡一阵，盐是吸水的，这样更容易晒干，而且盐对微生物也有抑制作用。

8 莲藕为什么会有那么多的洞？

莲一般生长在沼泽或湿地里。和别的植物一样，莲的生长也需要空气、水、阳光。但是，莲生长在湿地里，不能靠根须来吸收空气。没办法，它只能靠叶子吸收空气，然后送到根部。莲藕，就是莲花的根部。

而莲藕上那些大大小小的洞，没别的意思，只是为了传送空气方便，就像是空气输送管。

9 大力水手为什么喜欢吃菠菜？

大力水手卜派，是美国动画片里的英雄，他最喜欢吃的就是“菠菜罐头”。为什么剧作家要让卜派喜欢菠菜呢？其实，这里边是另有原因的。

据说，那个时候美国的小孩很讨厌吃菠菜。但是菠菜所含的养分，对孩子们的发育又很有用，为了让孩子转变观念，有个家长会(PTA)，就想了一个办法，让对孩子有绝对影响力的大力水手卜派爱吃菠菜，这样孩子们就会跟着心目中的英雄吃菠菜了。

哈，美国人真的是什么办法都想得出来！

10 为何人吃了水果后不应饮水?

水果,特别是小水果寄生着许多细菌,当食用水果时,就将细菌一起吞下去,而饮水将胃酸稀释得很厉害,从而使它失去杀菌作用,而水果中幸存的细菌就会伺机而出。

11 能一口气喝下 3 瓶啤酒的人,为什么不一定能一口气喝下等量的水?

原因就在于啤酒里有酒精,而水里没有。

啤酒里的酒精浓度,一般都在 5%左右,酒精到了胃里,很快就会被吸收,跟着酒精还会有水分子被吸收。而胃对水的吸收功能很弱,得想办法把它送到肠子里去,把吸收的任务交给肠子,可是肠子是个慢性子,吸收得比谁都慢。所以,一口气往胃里倒水,很快就把胃装满了,然后就真的不能再喝了,再喝就只有全部吐出来。

12 为什么红薯和土豆不能一起存放?

红薯和土豆生活习性所要求的温度差别大,不能把红薯和土豆放在一起贮藏。若让土豆与红薯同窖贮藏,不是红薯腐烂就是土豆腐烂。红薯喜温暖而怕冷冻,贮藏最佳温度为 12~15℃,相对湿度为 75%−80%,温度低于 9℃时就要发生冻害,超过 18℃时就要发芽和糠心。而土豆喜凉而怕热，温度低于 -2℃时才会发生冻害，温度达到 10-12℃时幼芽迅速生长，种性降低，品质变劣。

13 水也会衰老吗？

通常我们只知道动物和植物有衰老的过程，其实水也会衰老，而且衰老的水对人体健康有害。

水分子具有一定的活性，因此分子与分子之间可以形成一种链状结构。当水不经常受到撞击，也就是说不经常处于运动状态时，这种链状结构就会不断扩大、延伸，从而使水不断“衰老”，最终变成“死水”，即老化水。

科学研究表明，刚被提取的、处于经常运动、撞击状态的深井水，每升仅含亚硝酸盐 0.017 毫克，但在室温下储存 3 天，就会增加到 0.914 毫克。原来不含亚硝酸盐的水，在室温下存放 1 天后，每升水也会产生 0.0004 毫克亚硝酸盐，3 天后可上升到 0.11 毫克，20 天后则高达 0.73 毫克，而亚硝酸盐可进一步转变为致癌物亚硝胺。

未成年人如果经常饮用老化水，细胞的新陈代谢会明显减慢，并影响生长发育，而中老年人饮用后，会引起消化、神经、泌尿和造血系统疾病而使人早衰。这是因为水中的亚硝酸过量、超标，可程度不同地引起人身倦怠、乏力、嗜睡、昏迷、全身青紫、血压下降、腹痛、腹泻、呕吐，日久还能引起恶性病。因此，我们要养成良好的饮水习惯，不饮用长期存放的桶装或瓶装水，这将有利于我们的健康。

14 为什么饮料罐子有铁罐与铝罐之分？

可能很多人喝过罐装饮料，但却不知道为什么有的是铁罐装，有的却是铝罐装。

像咖啡、凉茶、八宝粥等这类饮料，装入易拉罐后，必须用高压高温来杀菌，所以要用比较耐热耐压的铁罐。

像可乐之类的碳酸饮料或啤酒，因为含有二氧化碳，能抑制坏菌生长，所以不用高温杀菌。罐子里的二氧化碳，也能让柔软的铝罐不变形。

也就是说，该用什么罐子，取决于里边装的是什么饮料。

15 酒保调鸡尾酒时，为什么要猛烈摇晃酒盅？

酒保调鸡尾酒时，都会很有型地猛烈摇晃酒盅，看得花痴女们口水直流，为什么非要摇晃酒盅呢？难道只是为了故意耍帅，以此来吸引女人

们的注意？其实，用力摇晃鸡尾酒盅的好处在于：

一、猛烈摇晃，可以让氧气融入酒中，产生细微气泡缓和烈酒的刺激性。烈酒与果汁充分混合后，味道会圆润顺口，喝起来很爽。为了多摇出些起中和作用的小气泡，就需要快而猛烈地摇晃酒盅。

二、趁冰块没化成水前，猛烈摇晃酒盅里的冰块，可以使饮料快速冷却。

16 鸡蛋是越新鲜越好吃吗？

有科学家称，刚生下来的鸡蛋，其实并不是鸡蛋最好吃的时候。最好吃的鸡蛋是产下后一周左右。看起来好像已不新鲜了，但这个时候鸡蛋反而更好吃。

原因是，刚生的鸡蛋含有很多二氧化碳，二氧化碳会降低鸡蛋滑润的口感。为什么用刚生的蛋做水煮蛋，蛋白粗糙难吃呢，就是因为蛋白里边，还混着很多二氧化碳。

等过了一周，蛋里的二氧化碳就差不多散走了，这时再吃，才是真的香滑可口。

17 甜酒放久了为什么会变酸？

制作甜酒，先蒸糯米，然后加入酒面，在 50℃~60℃的温度下放 10 小时左右。让酒面菌产生的淀粉酵素，分解糯米淀粉，转变成糖分。

甜味其实就是麦芽糖提供的。之后，麦芽糖会变成葡萄糖，在酵母菌、乳酸菌等微生物作用下，最后变成乳酸。所以，甜酒放久了，就会变酸。

18 喝白兰地时，握杯的姿势一定得用手掌包住杯子？

其实，那是人喝白兰地时的习惯。用手掌包住杯子，并不是什么特别的规矩，而是为了把白兰地捂热，这样会更香一些。

喝白兰地的球状杯，杯口之所以比较窄，目的也是为了能把酒香留在杯中，慢慢享用。那个时候，白兰地的质量不大稳定，有时香味不够，所以用手掌包住，不断加温，让酒精挥发，香味更浓。

而今的白兰地，品质已经大大提高，不用手掌加温也很香了。只是，人们还是习惯用那种杯子，也习惯用手掌包着杯子，不是为了加温，而是一种风度。

19 日本神社为什么会供奉小黄瓜？

“河童喜欢吃小黄瓜”是日本的传统迷信。因为小黄瓜的锯齿状切口，有点像河童的头顶，所以日本人认为河童爱吃小黄瓜。后来干脆把小

黄瓜称为河童。

日本神社要是举办夏日庆典，还能看到人们供奉小黄瓜。为什么会这样呢？因为在日本人看来，夏天有很多人淹死在水里，就是因为水神河童在搞怪。而据说河童爱吃小黄瓜，因此夏天祭典，就要供上小黄瓜，让河童有得吃，祈盼少点水难。

20 美国人为什么那么爱吃薯片？

在美国，有一个薯片的宣传广告是这样说的："享受薯片的满足感，好比性爱一般。"美国人为什么会把吃薯片当成性爱一样爽？

原来，殖民时代的美国，基督的禁欲思想影响着多数人，牧师们认为马铃薯有催情作用，吃了会发情，发情多了会早死。结果害得遵守教义的基督徒们，看着马铃薯却不能吃，只能拿去喂猪。等猪长大了再杀了吃猪肉，算是间接吃了马铃薯。

后来美国人回过神来了，发觉牧师们在瞎胡说，于是开始疯狂暴吃马铃薯。也就有了上面那个讽刺性的广告。

21 为什么速食的生面条可以长久保存？

一般来说，普通的生面条放在冰箱里最多保存一周。而按速食食品工艺生产的生面条，却可以保存很久而不变质。

在正常室温下，速食生面条可以保存五个月，原因是它采用的是真空包装技术。面条生产出来后，即刻进入无尘室的密封程序，以保证包装好的食品完全无菌。

只要真空包装不破损漏气，细菌就没办法跑进去捣乱，而面条也就不会发霉变质了。

22 日本寿司店里的“舍利”是什么？

在日本，寿司店里所说的“舍利”，其实就是米饭。

在佛教里，“舍利”是释迦佛的骨骸，当“舍利”回归大地，就变成稻子、粟米等粮食，供人类食用。

日本人认为，吃的米就是“舍利”转化来的，十分尊贵，应倍加珍惜。所以就把米饭叫做“舍利”。

23 为何寿司一次会上两个呢？

去日本出差或旅游，一定要注意，吃寿司得先把情况搞清楚，要不然就会多吃出一倍的钱。

在寿司屋价格表，可以看到明码标价：鲔鱼肚 500 元。可不能把这个理解为一份“鲔鱼肚”，只能理解为一个“鲔鱼肚”，因为一份是两个，要 1000 元。

很多不明就里的游客，总是误以为是 500 元一份，等结账时才发现价钱多了一倍，马上就有一种被人暗算的感觉，有时还会因此发生争执。

所以有些店吸取经验教训，把一份两个的总价格标出来，不过这样客人看起来又觉得比别的店贵了一倍。

据说，在二次大战之前，日本的寿司都是一个一个地上，而不是像现在这样图省事，两个一起上。至于为什么会这样，有人说是因为寿司屋图省事，因为一个一个地做很麻烦。

24 为什么寿司要用紫菜来包？

寿司是日本人最喜爱的传统食物之一，日本人常说“有鱼的地方就有寿司”，大家也许会觉得奇怪，寿司几乎都是用紫菜包着，这是为什么呢？

据说，从前日本人到赌场赌钱，通常会叫妻了预备饭团，但珍珠米做的饭团相当黏手，令赌具粘满饭粒，赌徒于是向服务生找来一块紫菜包着饭来吃，这就是紫菜寿司的雏形，后来，寿司不断演变，但不变的是一直用紫菜包在外面。

25 铁锅为什么洗干净后容易生锈？

炒菜的铁锅，如果偷懒不洗，就这么放那儿，不会生锈，洗干净了后，反而容易生锈，尤其是洗完后没将水渍擦干净，锅底很快就有一块地方生锈。这是为什么呢？

道理其实很简单，裸露在空气中的铁会被氧化，出现二氧化铁的红色物质，这就是锈。对于铁锅来说，不洗它，油渍就是给铁上了一道防护膜，不与空气中的氧气发生化学反应。如果把这层防护膜洗掉了，就会发生这种反应。而如果锅里还有一点点水渍的话，水和氧气同时与铁发生化学反应，所以锈得更快。从这一点来看，偷懒不洗锅也是有道理的。

此外，新铁锅容易上锈，而使用时间长的铁锅则不会。因为长期被油浸泡，油跟铁加热反应生成氧化亚铁，呈黑色，也是一层杜绝锈化的防护膜。咱们中国人缺钙，但从来不缺铁，原因就在于这些铁锅能补充人体微量铁质。

26 什么民族只喝血不吃肉？

几内亚北部至马里南部一片沙漠地带的雷迪莱莱族，至今仍过着原始生活，以畜牧业为主，主要饲养骆驼。这个民族常将牲畜的静脉弄破，抽出一定的血液后饮用，待其伤口愈合后还可以再次取血，而不是杀死牲畜。

27 喝水喝多也会死人吗？

一位美国加利福尼亚州妇女在参加一项喝水比赛后死亡，医院分析后得出的结论是水中毒，这听起来难以置信：喝水也会把人喝死？

我们提倡的是“多喝水”，因为多喝水对身体有好处，能清洁皮肤、减少疲劳和集中精力等。但事实证明，水喝太多也能要命。

通常情况下，人们喝进体内的水首先通过尿液和汗液排出体外，体内水的数量得到调节，使血液中的盐类等特定化学物质的水平达到平衡。

但如果短时间内过量饮用水会导致人体盐分过度流失，一些水分会被吸收到组织细胞内，使细胞水肿。开始会出现头昏眼花、虚弱无力、心跳加快等症状，严重时甚至会出现痉挛、意识障碍和昏迷，即水中毒。

Part 5 打破砂锅问到底

1 “弹指一挥间”是多长时间？

“弹指一挥间”常常用来形容时间过得很快，快到什么程度呢？7.2 秒！

“弹指”来源于佛教，是指捻弹手指作声的这个动作。原本是印度的一种风俗，用来表示欢喜、赞叹、警告、许诺、觉悟、召唤、敬礼、祝咒等。

毛泽东曾有一句词“三十八年过去，弹指一挥间”，38 个年头也就像 7.2 秒那样就过去了。

2 “一刹那”是多长时间？

我们经常用“一刹那”来形容时间的快，的确，和“弹指”比起来，“一刹那”更快。《僧祇律》记载：“一刹那者为一念，二十念为一瞬，二十瞬为一弹指，二十弹指唯一罗预，二十罗预为一须臾，一日一夜有三十须臾。”

既然一弹指为 7.2 秒，那么，一瞬就为 0.36 秒，而一刹那则是 0.018 秒。这时间，够快了吧。

3 晒过的棉被不可大力拍打？

雨过天晴晒棉被，棉被可不能晒得太久，一般在上午 11 时到下午 2 时半左右，三个多小时足够了。晒得太久会使棉被上的图案变色。

而且也不要太用力拍打棉被，那样会破坏棉被里面断裂的棉花纤维，那些看似灰尘的东西，不少就是断裂棉层。所以，棉被只可轻轻拍打，对待棉被要温柔。

4 为什么不能把面纸扔进马桶？

用来擦脸的面纸，生产时都会加入特殊的添加剂，以防它经汗水一湿就烂了，沾在脸上有碍观瞻。面纸也不容易被撕破，其纵向、横向的强韧度差别是三倍，就算有一边撕裂了，另一边也很难撕破。要是扔马桶里，很容易致使马桶阻塞。

厕所用的卫生纸，纤维的间距都很宽，为的就是见水溶解，所以不容易出阻塞情况。

5 围棋的黑子为什么比白子大？

如果没人说，可能很多人都不知道，围棋的黑子要比白子大一点。

为什么会这样呢？原来，生产商发现，人看这两种色的时候，会产生视觉错觉，白子看起来，好像要比黑子的大一点，要是那样，这棋下起来总觉得不公平，所以就决定按人的视觉习惯，把黑子做大一点。

就像在汽车城看车的时候，虽是同一个车型，却老是觉得白色的车，要比黑色的车体大一些。

6 石头也生锈吗？

大家都知道金属会生锈，但是石头呢，也会生锈吗？经常玩石头的人就见过石头生锈，石头怎么会生锈呢？

是的，石头本身并不会生锈，只会风化。人们见到的生锈的石头是因为那里面含有金属矿物质，是那些金属矿物质发生了化学反应导致生锈，看起来就像是石头生锈了。

7 座机话筒连接线为什么总是扭来扭去的？

家里装部电话机，本来连接话筒的那条线挺正常的，可没用多久，就会发现电话线扭得不成样子，需要把话筒悬在空中自动转一阵，才能回到从前。相信很多人都有过这种体验，但却没多少人想过，这到底是为什么？

原因是，绝大多数人打(接)电话时，总是会不自觉扭电话线。如果是右手拿话筒，一般会把话筒转 90 度，贴在右耳朵上听。这个时候，电话线已被扭了一次。说了一会儿，耳朵发热，或要做什么别的事，就会把话筒转 180 度，换到左耳朵这边听。要是煲电话粥，其间说不定还会换几次，等终于通话完毕，挂电话时，又转了 90 度。

想想看，打一个电话都扭了这么多次，过上十天八天，会扭多少次？这么个扭法，电话线肯定越扭越短，直到成了麻花线卷。

8 汽车在油箱警示灯亮了之后还能跑多远?

老司机可能不会犯这种低级错误,但现在开私家车的人群中,有很多都是才拿证不久的新手。对汽车的新鲜感,让他们差不多就想一天 24 小时都在开车,对汽车需要加汽油这事,往往并没放在心上,结果就可能导致油箱警示灯亮起来。虽说警示灯亮了,可是,因为对汽车还不很了解,可能看到了也不知那是啥意思,只管往下踩油门,却不知里边的汽油已经坚持不了多远了。

油箱警示灯亮了,汽车还可以开多远呢?

汽车生产商表示,从油箱警示灯亮了起算,剩下的油,大约可以支持汽车再跑 50 公里左右。具体数字会因为车子的使用状况以及路况有所不同,但一般说来,只要不超过 50 公里,都不会因为油烧光了突然停在路上。

也就是说,只要不是在山区荒无人烟的地方,油箱警示灯亮了也不用太担心,50 公里之内,多半会有加油站。

9 磨损的轮胎橡胶到哪儿去了?

可能司机都知道,轮胎的外表是一层橡胶,车辆在行驶过程中,轮胎会与地面产生摩擦,轮胎的表面也会因此出现磨损。一般路况下,新轮胎跑了 3 万公里后,就要准备换新。

那么,磨损掉的橡胶去了哪里呢?是变成灰尘被风吹走了吗?正确的答案是:它黏在轮胎痕上了。

把车开到干净的水泥路上做个试验:一个急刹,马上就会听到轮胎与路面摩擦的尖锐声音。然后,下车仔细察看路面,这时肯定能看到,路面上有一道清晰的刹车痕，磨损的橡胶就黏在路面上。

黏在地面的橡胶，如果长期不清除，就可能导致车辆经过时打滑，引出车祸。所以，公路局隔一段时间就会进行清扫，有时我们看到清洁车沿路慢慢移动，别以为那只是清扫路面的灰尘，更重要的是清除黏在地面上的橡胶。

10 手枪口径越大，杀伤力就越大吗？

就算是玩过手枪的人，可能也没机会了解手枪的构造。从枪口看进去，会见四到六个突起物，而在对角线上的突起物之间的距离就是手枪"口径"。开枪时，子弹头会从突起物的中间飞出去。手枪口径和弹头直径，差不多一样大。

不用说，口径越大的手枪，子弹直径也就越大，子弹里边的火药当然也就会多些。相应地，杀伤力就会跟着大一些。

手枪口径以百分之一英寸为单位。枪口的直径为 0.22 英寸的手枪，就叫二二口径；而四五口径手枪，口径是 0.45 英寸。

11 为什么肥皂泡沫都是白色的？

肥皂也有五颜六色，可是，不管什么色的肥皂，洗出来的泡沫都是白色的。为什么会这样呢？

原因之一：肥皂溶液薄膜的球面，对光线具有很强的折射性。被反射的光线四处散开后，在人的肉眼里，就呈现白色。原因之二：肥皂的颜色，是加工的时候往里边掺的颜料。颜料分子在水分子里不会溶解，只能分散在水中。而变成泡沫后，颜料色素被水稀释了，所以看不出什么颜色。

12 细菌最多的日常用品是什么？

长久以来，人们都觉得细菌最多的地方应该是马桶。其实不然，最近台湾一项研究检验发现，世上最脏的东西是刮胡刀，而马桶盖含菌数最低，令人大跌眼镜！

该检验利用 ATP 冷光仪进行，针对人体最常接触的 10 项用品，如马桶盖、粉扑、刮胡刀、毛巾、牙刷、口罩、话筒、枕套、安全帽、计算机键盘等，进行细菌数检验。

结果发现，男人刮胡刀的含菌数最高，为每平方厘米 120 万，比马桶盖脏 12.5 倍；口罩的含菌数为每平方厘米 30 万，数值是马桶盖的 3 倍；牙刷为每平方厘米 25 万，每刷一次牙居然如同吞下了 2.5 个马桶盖的细菌；其他依次为枕头套、安全帽、毛巾、话筒、计算机键盘、粉扑。人们认为最脏最臭的马桶盖，含菌量则最低，仅为每平方厘米 10 万。

13 防弹玻璃是用什么造出来的？

玻璃板和坚固的乙烯，就是防弹玻璃的原材料。具体生产办法是把几块玻璃板重叠起来，然后在玻璃板中间放入乙烯板，再进行特殊的工艺处理。这样防弹玻璃就做成了。

一般来说，在 5 米左右，用一支三八口径的自动手枪，对着 31.1 毫米厚的薄板玻璃开枪，就算子弹的枪口初速达到每秒 380 米，也无法打穿防弹玻璃。

14 防毒面具用什么东西来防毒?

防毒面具里装满了吸收剂，实际上它的工作原理就是通过滤器，对有毒气体进行过滤和吸收，最后人吸到体内的，已是安全的空气了。

一般来说，吸收剂的材料并不统一，而是按照各种不同的气体种类，不同的浓度，用不同的吸收剂，设计生产不同的面具。现在市面上出售的面具可以分成很多种类，比如"酸性气体用"、"有机气体用"、"氨气用"等等。也有专门的面具，以供油漆、农药操作时候使用。发生火灾时，也有针对浓烟和有害气体的专门防毒面具。

因此，防止有毒气体侵害身体并不容易，不是说戴了防毒面具就万事大吉，关键是你要选择适合的。如果面具中的吸收材料与毒气不配套，就算有了防毒面具，一样没法防毒，戴了也白戴。现在，一些高级酒店房间里会备有防毒面具，一般都是发生火灾时用。

15 毛笔的笔尖有什么讲究吗？

外行当然不知道，毛笔的笔尖可有讲究了，有粗有细，种类多多。之所以分这么多种类，主要是用途不同，比如写书法，大楷和小楷用的笔就不同，而且，你不可能像外行一样，用写书法的笔去画画。比如水墨画，那就有专门的毛笔。更复杂的是，每个大分类，还可以分出多达几十种的小分类。想学会使用毛笔，单分种类就够你用心思了。

做毛笔的材料也是很有讲究的，马毛、羊毛、鹿毛、狸毛、狐毛、鼬毛、猫毛、松鼠毛、貂毛、兔毛等等，都可以做毛笔，但不同的毛，在毛笔中的工作岗位也不一样。

一般来说，比较硬的狐毛，一般用在笔头芯的部分，而芯周围可以用马毛，在最外侧，则需要好看、吸水性好的羊毛。

难怪人们常说社会复杂，瞧瞧，就连小小一支毛笔，也是这么复杂，社会那么大，当然就更复杂啦。

16 为什么药片也要搞得花花绿绿，颜色不一？

换个角度想，要是到医院看病，医生开了药，拿到手上一看，全都是白色的药片,有的可能形状也差不多,服药的时候,会不会吃错药?比如本来A药该吃两片,B药该吃三片,可是,两种药颜色一样,形状差不多,结果就多吃了B,少吃了A。吃错药,自己会很生气,后果可能也会很严重。

由此也就明白了,医院开的药为什么会有红蓝黄等颜色,就是为了患者好区别,以免吃错药。

还有一个原因,就是药这个东西令人讨厌,如果不是因为病,我想疯子也不会喜欢吃药,为了让人比较接受讨厌的药,一般都会加点鲜艳的颜色在外边,给苦药穿一件好看的糖衣,以减少病人对药的本能抗拒。

17 防弹背心靠什么东西挡子弹?

在防弹背心里,肯定会有一种特殊材料,要不然怎么可能挡得住子弹呢? 而这种特殊材料,就是一种叫"Kevlar"的纤维。

这种纤维的强度在铁丝的五倍以上,具有非常优越的耐热性,而且生产时编织得非常紧密。在子弹打不穿的同时,身体也不会因为中弹时产生的高温受伤。

想想这人类也真是没事找事,自己制造了枪弹,又要挖空心思想着怎么样防弹,累不累啊!

18 不同汽车的加油口位置为什么不一样?

开车去油站加油,细心点就会发现,不同汽车的加油口,可能方向都不一样，有的在右边有的在左边，为什么不统一在一个方向呢？其实不是加油口不统一，而是因为汽车的排气管消音器的位置不统一。按原则，加油口都得安装在和消音器相反的位置上。

原因是废气排放时的热量，会传到消音器上，要是加油口跟消音器在一边，汽油就会受高温影响，说不定就自燃起来了，为了消除这个潜在的危险，加油口必须与消音器分开。

19 汽车轮胎不可以是彩色吗？

汽车造型和颜色，多得让人眼花，可为什么轮胎永远是黑色的？不能用彩色吗？

不是说生产不出彩色轮胎，原因在于，黑色轮胎比较安全，因为生产过程中加了一种叫碳黑的碳粉，使橡胶得到了强化。这是轮胎工作性质的需要，对车上的人是有好处的。可能也有人想过加入什么颜料，改一下轮胎的颜色，可是，大量的碳粉太黑了，没有什么颜料能盖得住它的黑色，所以还是安全要紧，黑就黑吧。

同样是橡胶制品的水管等东西，则可以五颜六色。原因就是里边不用加碳黑。

20 坐过山车时，坐在哪个位置最恐怖？

胆小的人坐过山车，最好是坐在车头最前面的位置，千万不要坐最

后一排，因为那是最恐怖的位置。

为什么后面最吓人呢，原因是过山车急速往下冲时有玄机。

过山车爬上斜坡时，前排座位过了顶点会往下走，而最后一排还在爬坡，这时候，过山车因为要拖着后面的，所以速度不是最快。等后排上了坡到了顶上，这时就开始加速了，而这时前排已经下到了半坡，再冲也冲不了多远，而真正从顶点往下猛冲全程的，恰恰是最一排！

明白了吧？要更刺激，就记得坐最后一排。

21 为什么男性衬衫纽扣孔都是竖的？

可能绝大多数人都没想过这个问题，男性衬衫的纽扣洞，差不多都是竖的。专家称，这是因为，男用衬衫的布料，在织法上是纵向的，所以纽扣孔也要竖着开，这样衣服剪裁就会更顺手，也好看。还有就是因为男用衬衫的花色纹路纵向比较多，竖开纽扣孔不显眼，美观。

男用衬衫钮扣孔有一个许多人没注意到的特点，就是衣领最上边的第一个纽扣洞，全都是横向，为的是纽扣可以轻轻地左右滑动，这样就不会紧紧地勒着脖子。

小小的纽扣孔，一样充满了智慧！

22 人们吃草莓，其实并没有吃到果实？

草莓好吃谁都知道，可是，有多少人知道什么是草莓的种子？在吃草莓的时候，也许人们会认为那些长在草莓上的颗粒就是种子吧？可是，错了，颗粒只是草莓的果实。

搞了半天，人们花钱买来吃的，并不是草莓的果实，而只是它的花托。人们误把草莓巨大的花托当成果实了。很多人吃过草莓很多花托，可能至今还以为吃的是草莓果子。

草莓的种子，就在那些又小又硬的颗粒里边。

23 技术高超的冲浪手能挑战海啸吗？

有部电影叫《热浪星期三》，描述的是几位冲浪手，在加州海岸碰到多年不见的大浪，他们认为这是一个考验，决定挑战海浪。在电影中，海浪大约十米高，冲浪手们在浪尖上飞跃，看起来惊心动魄，险象环生。海啸的高度也许不会小于三十米，面对汹涌而来的巨浪，这些技术高超的冲浪好手，还能那样自由地在波峰浪谷中飞翔吗？

按理说，只要技术高超，冲上几十米的海浪没什么大不了的，问题是，波浪的运动规律是不断起伏的，也就是说冲上去没事，可掉下来时怎么办？一般说来，如果是普通的海浪，在浪的内侧，运用技术翻转冲浪板，便可跟着下浪平安着陆，但三十米高的巨浪可不是说着玩的，从那么高的高空往下掉，就算冲浪手是一只鸟，会飞，那冲浪板也经不起重重一摔，也就是说，这样玩会玩出人命。

那么，不随下浪走行不行？当然可以，那就继续驾乘海浪吧。可是，海啸这个东西是不按日常规则出牌的，它来势汹汹，横冲直撞，撞到礁石高丘是很自然的事，再厉害的冲浪手也经不起这样的碰撞。所以，挑战海啸几乎就是不可能的事！

24 植物也睡觉吗？

大家都知道，植物也是有生命的，那它会不会也像动物那样，每天都睡觉呢？

其实，很多植物在太阳落山以后，就会闭合叶子、花瓣，进入睡眠状态。直到第二天清晨，它们才在阳光的召唤之下醒过来，舒展叶子，盛开花朵。科学家把这种现象称为植物的“睡眠运动”。

不同的植物，睡觉的姿态也是不一样的：蒲公英在入睡时，所有的花瓣都向上竖起闭合，看上去像一个黄色的鸡毛帚。胡萝卜的花则垂下来，像正在打瞌睡的小老头。此外，还有合欢树、红三叶草、睡莲等都是典型的睡眠植物。

25 电影中的汽车轮子为什么是反着转的？

看电影或电视。要是盯着高速行驶的汽车看，越看越觉得车轮像是反着转的，是视觉出错了吗？

不是视觉出错，当然也不是车轮真的反着转。原因是：拍电影，一秒钟内会摄下二十四格画面，然后连续放映出来。当画面放映的速度比轮子转得快，电影的格数比例，就会和轮胎的旋转步调发生错位，看起来就像是反着转。

26 风力太小的时候，帆船还能向前行驶吗？

帆船是靠风力往前航行的，要是风力太小，会不会推不动啊？

不用担心，设计帆船的人早就想过这事了，在风力较弱的时候，船长会把船帆调整到跟风向平行的倾斜角度上。这样，船帆前方的风，就会形成较快的流动，而船帆后边风的流动则会慢下来，这样一来，后方的气压比前方高，便能推动船往前行驶。

原理是：空气都是由气压高处，往气压低处流动，因此帆船就有了前进的动力，而且比风速还快。

帆船不像常人想的那样靠风吹向前，而是在科学地运用风速。

27 开了花的竹子为什么会死?

很少有人会看到竹子开花,看到竹子开花的人都会发现,竹子开花之后,要不了多久就会死去。这是为什么呢?

竹子是多年生一次开花植物,而每一种植物都有一个固定的生长周期,竹子的生长周期只能开一次花。虽然它能生长多年,但开花之后,它多年储存的营养也就耗尽了,它的生命周期也就结束了,所以它就枯死了。

28 地球上六十亿人一齐大叫，声音会不会传到月球呢？

当然，这只是一种假设，因为没有人可以让六十亿人一起大叫。假如全世界人聚集在一个空旷的地方一齐叫的话，巨大的声响会令大地摇动，所有人的耳膜都可能会破掉。但无论大家怎么叫，都不会传到月球，即使用超高性能的麦克风也不会。原因是地球和月球中间是没有大气，而声音必须在气体或液体等物质中传输，在真空的状态则是无法传输的，叫声所能达到的地方只限于大气层的内部，高度充其量只能传到七百多米而已！

29 两个人抬东西上楼梯，哪一个人会比较轻松？

就算是经常抬东西上楼梯很有经验的人，要回答这个问题恐怕也是想当然。大家一定以为是在上方的人较辛苦，前面出尽力提着东西，后面的只是支撑着，当然轻松得多。但根据万有引力，行李的重量不是全压着后者吗？究竟答案是什么呢？事实上，以力学而言，行李在两个人正中间的话，即使是在像楼梯这种倾斜的地方仍然是刚好平均分摊，并不会有哪一方比较轻松和比较累的，重与轻只是心理作用而已！

30 肥皂泡的温度比太阳还高？

在玩肥皂泡的时候，大概没有人会知道，在破裂的一瞬间，肥皂泡达到了多么惊人的温度。现在，科学家测量了这个温度，结果令他们震惊不已。当液态的肥皂泡猛地收缩时，它内部变得非常炽热，温度大约是摄氏两万度，比太阳的温度还高。真是很难想象啊。

31 冷水灭火与热水灭火哪个更好？

发生火灾的时候，用冷水救火还是热水救火哪一个更好一些呢？不用多说，火当然很热，用冷水浇的话可以降低火的温度，但假使要尽早灭火的话，最好使用热水，是不是有些不可思议？因为冷水和热水比较，热水较能在短时间产生水蒸气，把火源覆盖，火源得不到氧气，便不会继续燃烧，但在实际火灾现场，又从哪里来的热水呢？

32 植物也有胎生的吗？

大家都知道，包括人在内的哺乳动物几乎都是胎生的。但如果说植物也有胎生的，很多人都不会相信了吧？

在中国东南沿海一带，有一种叫红树的树，就是胎生植物。红树在开花结果之后，种子并不像其他植物那样掉落，而是就在果实里面发芽、成长，长到三十厘米左右的时候，它才从母体脱落，直接插入到海滨的烂泥里。几个小时之后，就长出根来，成为独立的小红树了。

红树之所以成为胎生植物，是生物自然选择的结果。红树生长在海岸线，随时都可能浸泡在海水里，如果它的种子也像其他植物一样，成熟之后就落地发芽生根的话，那种子很可能被海水带走了。

此外，除了红树外，秋茄树、木榄以及佛手瓜等都是胎生植物。

33 在百货公司搭手扶电梯快还是升降电梯快？

相信这个问题大家都曾想过，以速度本身来说，升降电梯是比较快的，但需要加上等待的时间，所以根据日本作家堀井宪一郎的调查发现，不同楼层是有不同的结果，如果是从一楼到六楼的话，手扶电梯是比较快的，因为无需等候；如果是七楼到九楼的话，碰上升降电梯到达及时或电梯没有人，胜负是五五开。十楼以上的话，升降电梯较快，胜率高达 75%。

34 为什么纸沾湿水之后干了会变皱？

一般情况下，纸张遇水是不会产生化学反应的，仅仅发生物理形变。而我们平时常见的纸张遇水褶皱现象，主要是由构成纸张的纤维的伸缩所造成的。

纸张被水浸泡时，水分子会破坏连接纸纤维的氢键，导致纸张膨胀。这是与造纸相反的一个过程，纤维分子间氢键被切断。浸过水的纸张自然蒸发，是纸张收缩的过程，纸纤维间的氢原子在没有压力的情况下自由组合，并且很多氢键连接的位置与湿水前不同。所以一张被水弄湿的纸，干了后会变皱了。

35 肥皂泡可以冰冻吗？

那飘浮在空中的美丽肥皂泡，是可以冻成五颜六色的水晶玻璃球的。方法很简单，先把冰箱温度调到强档；再用吸管在盘子上吹一个球形的肥皂泡；之后将装肥皂泡的盒子快速放入冰箱，冷冻二十分钟。因为肥皂泡大部分是由水构成的，在破裂之前迅速冷却到 0℃以下，就会冻结，我们就会看到美丽的冰冻泡泡了。

36 录音机怕硬币吗？

先来做一个趣味小实验：先把磁带放进录音机里，让它正常播放；再把硬币摆在录音机插带口旁。这时，你会发现，录音机不是变为无声，就是声音含混不清。这是为什么呢？

录音带之所以被称为磁带，是因为它具有磁性，这也是它能发出声音的关键。硬币被放到录音机上方时，它里面含有的一些金属元素具有强大的磁场，就干扰了录音带的磁性。这样，声音效果就受影响了。

37 你能夹住百元钞票吗？

现在，我手上有一张面值一百元的钞票，松开手使它自由落下，你能接住吗？实际上，这是很难接住的。为什么呢？

因为人的眼睛看到物体后，大脑进行判断，然后再开始行动，平均要用 0.2 秒的时间，在这段时间内，物体自由落下的距离是 20 厘米，可一百元钞票的长度是 15.5 厘米，看到钞票落下，再去夹它，钞票已落下 12 厘米了，所以想要抓到它就很困难了。

38 雨是从空中多高的地方落下来的？

气象专家称，在冬天大部分时间里，雨都是从离地面 2000 米的高度往下落，而夏天则是从 5000 米的高度往下落。

雨下落的速度，和当时的气温以及雨滴大小等有关。夏天暴雨来势凶猛，它从 5000 米高空开始落下，只花 9 分钟时间，就能落到地面上。而冬天的小雨，虽说只是从 2000 米的空中落下，但因为雨势小，速度慢，所以到达地面得花 20 分钟左右。不管是夏天还是冬天，从雨往下掉就开始跑，找个躲雨的地方，还是不困难的，因为雨到达地面会有一个过程。

39 冰刀溜冰场上的冰是用热水铺上去的？

冰刀溜冰场结冰时，采用的是纯度很高的水。不能用普通自来水，是因为自来水中杂质太多，这些杂质混入冰晶缝隙后，冰层就脆弱得没法承受人在上面滑冰。

制冰方法：先把高纯度的水烧成热水，大约在 50℃左右，然后用喷雾工具，把水喷洒在溜冰场上，接着用冷却剂一下子让水结成 0.6 毫米的冰层，再接着喷热水，如是反复五六次，冰块厚度就能达到溜冰场标准

了。

因为冰需要一层接一层，所以得用热水，这样，上一层和下一层才接合得更紧密。

40 无花果真的没有花吗？

大家都知道，植物只有开花才能结果，才能孕育下一代。可是光听无花果的名字，就觉得是不开花的，而且，很多见过无花果树的人，也没有见过它开花，那么，它是真的没有花吗？那它又是怎样培育种子的呢？

其实，无花果是有花的。无花果是人类最早培育的植物之一，不仅开花，而且花还很多呢。只不过，它的花躲在果实里，而且非常之小，小到人们用肉眼很难发现。把一个无花果的果实掰开，再用放大镜仔细察看，就可以看到，果实里有无数个小小的凸起，这就是无花果的花了。怎么样，够难找的吧！

41 苹果树为什么越长越矮？

据说以前野生的苹果树又高又粗，高的有十几米，矮的也有两三米。而现在的苹果树都是那么矮矮小小的，苹果树为什么越长越矮？

原因当然是人工栽培技术改良了品种之后，苹果树才会变矮的。想想看，要是苹果树长那么高，人工种植肯定很费事，不要说喷农药修剪枝叶，就是苹果成熟了，要想摘下来也让人头痛。可能要到消防队去借云梯架上去才行，要不然就得开吊车把采果工人吊上去。

为了采收起来方便些，经过品种改良，苹果树就变矮了。这样一来，剪枝、喷药都很方便了。

42 在海水边界，水温为什么相差那么大？

同是一片海，可在边界处，水的温度相差却很大，让人感觉突然从热水掉进冷水，肌肉会一下子收缩，还可能造成抽筋。这是为什么呢？

其实没什么好奇怪，这只是海水性质发生改变而已。

近岸边的水，潮流较缓，在太阳的作用下，水温较高，加上淡水从河川沟渠中流人海水，稀释了海水的盐分，水就会暖一些。往深处走，海水就会变冷，再因为盐分较多，水的密度不一，一时间没法混合，这时就有了海水的边界。水温不一样的水在边界上泾渭分明，人要是置身其中，当然会觉得冰火两重天，水温差距大了。

43 红色的月亮更接近地平线吗？

众所周知，月光是月球反射的太阳光。这种光线有七种颜色的可见光，和红外线、紫外线等不可见光。其中的蓝色光线，要是碰撞到空气中的灰尘、水蒸气，就会改变原先的行进方向，出现四处散射的现象。

当人们看到红色的月亮，一般都是它比较接近地平线的时候，因为月光从地平线上出发，到进入人的眼睛，必须从密度很高的空气中通过，这样就会碰撞到水蒸气或者灰尘，在这个过程中，蓝光被撞散了，只剩下红色光线洒向地球。于是，人们就看到了红色月亮。

44 日本的忍者有时会把耳朵贴在地面上，真能听清远方的脚步声吗？

传递声音的东西的很多，比如空气、水、土地，在这些介质中，声音可以形成声波，并向四周传播扩散。

声波传递的速度，因为介质的不同，差别也会很大。在空气中，当温度处于 0℃时，秒速约 330 米。如果温度升高了，那么，音速就会随之变化，在 15℃时，秒速约 340 米。

相比空气而言，土地传递声音的速度要快得多，比如黏土质，秒速约

1660 米。所以，在日本影视作品中，看见忍者把耳朵贴在地面，以此细听远方的脚步声，是有科学根据的。

其实不只是日本的忍者，在美国，那些原住民也曾靠这种方法，辨别远方的声音。在中国也一样，古代的那些江湖好汉，往往也是采用这种方法，辨听敌方追过来的马蹄声。

45 使用现代化机械，多久才能再建一个金字塔？

古埃及的金字塔，完全是靠人力把一块块石头搬上去堆叠起来的，据说花了几十年时间，很多搬运工都死在了工地上，却没看过金字塔的样子。很多人因此假设，如要使用现代化的机械来建造金字塔，要多久才能完成这个宏大的工程呢？

据说，世界上最大的金字塔——吉萨金字塔，总共用了 230 万块石头。要是采用现代化的堆高机，一台机每小时可堆三块石头。一天 24 小时不停地堆，可堆叠 72 块石头，要建成这座金字塔，要花 90 年时间。

要想尽快完成，那就增加堆高机的数量。比如投入 1000 台堆高机，那么 32 天便可完工。当然，这些都是假设，至今为止，好像没听说谁愿意出这么一大笔钱，再建一座金字塔。

46 月球上为什么不会飞沙走石？

飞沙走石的前提是，月球上得有沙子和石头。关于这个问题，驾太空船上月球的太空人早就搞清楚了。月球上有沙，从电视画面上就可以看到，太空船登陆月球表面、太空人在月球上漫步的时候，都会激起一些沙砾。

在地球上，要是在晴天碰到吹大风，四周肯定是沙土飞扬，因为空气中飘浮的沙砾经风一吹，互相撞击，形成了更为细小的微粒，它们比空气还轻，全都飘浮在空气中，漫天飞舞。

但月球表面没有空气。没有空气，沙土就飘不起来，或者说，就算飘起来了，也很快会掉下去。月球表面一方面没有空气，另一方面又有引力，所以不可能产生飞沙走石的景象，即便是在上边跑步，也不会尘土飞扬。

47 陷入沼泽为什么就逃不出来？

沼泽到底有多深很难说，但是，那种烂泥坑只需三四米深，就足以致

人或动物于死地，只要陷进去，就不可能逃出来。

沼泽其实是有底的，与普通的池塘底没什么区别。在热带地方的湿地，沼泽到处都是，没什么神秘的。人或别的动物一旦陷入沼泽，要是没有外力帮助，一般都很难脱身，因为这是引力的作用，只要掉入沼泽中，身体就会慢慢向下沉，你越挣扎，就越沉得快，就算只有几米深，也足以要人命。而根本原因就是烂泥潭和水塘不一样，掉入几米深的水塘，胡乱挣扎都可能浮起来，而陷入泥潭，唯一的结果，就是不能自拔。

48 地球上有一年四季的变化，地底下也有季节变化吗？

科学家称，地下 3 米深的地方，和地面上一样，会因为太阳的影响，产生温差。也就是说，地下也会有季节变化，只不过与地面的不大相同，原因是土壤不容易传热，所以出现差别。

一般说来，在地下3米处，最热的一天，要比地面迟76天，最冷的一天，要比地面迟108天。也就是说，地上要是7月1日最热，那地下3米处，经过土壤慢慢传热，要等到76天之后的9月底10月初时才最热。

但是，在地底最深处，温度是没有什么变化的。因为太阳的热没法传下去。有个科学实验，在地下28米的地方放了一个温度计，放了150年，每年都要看几次，可上面的显示都是11.7℃。

49 为什么下雨之后的地面比之前更硬了？

在农村，要是碰到下雨，那些小路肯定是一地泥泞，到处都是烂泥巴，而天晴之后，被太阳晒干的地面比以前更硬了，这是为什么呢？

原因就是，我们肉眼看起来平坦的地面，是一个由沙和黏土混在一起的微粒子集合体。粒子和粒子间存在着缝隙。下雨会使微小的粒子连接更紧密，原有的缝隙也封闭起来了，所以天晴之后，地面比以前更硬。

50 满月比半圆月要亮多少倍？

十五的月亮十六圆，这是一句民间俗语。我们不管它几时圆，只管探究满月时的亮度，到底比半圆月亮多少。体积大一半，那么，亮度是不是也跟着亮两倍？

科学表明，满月的亮度，比半圆月高十倍，在农历初三的时候，新月的亮度，只有满月的千分之一。而在农历十三晚上的月亮，亮度是满月的一半，从十三这天开始，到十五月圆之日，月亮的亮度就达到了顶点，是半圆月的十倍，难怪肉眼都能看出满月光华四洒，照亮大地。

51 气象报告中“往年的气温”，是指哪个时候？

“今年的气温比往年高”，这是气象报告中经常出现的话，这个“往年”到底说的是什么时候？去年？前年？或者更久？不是专业人士，真的是搞不清楚。

说出来可能吓你一跳，这儿所说的“往年的气温”，指的是最近 30 年的平均气温。比如，今年是 2008 年，就使用 1971 年到 2000 年这 30 年间的平均值，当做“往年的气温”。

这个平均值年限也不是随便乱来的，而是每 10 年计算一次，也就说，到了 2011 年时，便以 1981 到 2010 这 30 年间的平均值，作为往年气温。

30 年算作“往年”，没想到吧？

52 强力胶的盖子为什么不会被黏住？

强力胶的威力不可小看，要是操作时不小心，把胶水滴到手上，千万不要让手指合拢去搓，因为那样会把手指黏在一起，任你怎么用力也扯不开，除非扯脱一层皮，可那样实在是太痛了，也太冤枉。

既然强力胶这么厉害，为什么没把盖子一并黏住呢？莫非盖子是特殊材料制成的？

其实，道理很简单，就像没有空气，火不会燃烧一样，强力胶的原理是空气与胶水中的化学成分发生作用，在接触时立即凝固。但旋紧的盖子里边，是没有空气的，所以不会黏住。

53 流星也能用来通信？

一闪而逝的流星很漂亮，也很迷人。很多人在看到流星划过夜空的时候会许愿，希望得到祝福。说不定，在流星划过的时候，你许下的愿还真能传达出去呢。

科学家发现，流星在掠过空中时会发出大量的光和热，使得周围的气体电离，并很快扩散形成以流星轨迹为中心的柱状电离云。这种电离云具有反射无线电波的特性。于是，人们便设想把语言或电报、资料等信息暂时压缩储存起来，等到流星出现的时候，以无线电波的形式发射出去。

但是，流星的出现很没有规律，所以在技术上还有很多要解决的难题。

54 招财猫的左右手有什么象征呢？

有人认为招财猫举左右手是公母猫之分。其实不是，招财猫都是以公猫原型，举左手招福，举右手招财。如果两只手都举起来，就表示“财”

和“福”能一起到达。白猫代表幸运；黑猫能辟邪消灾，保平安；黄猫是祈祷能结得良缘；红猫则是消病息灾；金色是财运，保生意兴隆，财源广进；紫色是美丽、健康、长寿的意思；绿色是幸福和安定，希望金榜题名；蓝色是事业有成；粉色自然就代表的是恋爱啦。闭眼猫代表招近财，睁眼猫表示招远财。招财猫怀里所抱(有的是在脚边)的物品也有不同意义。茄子象征爱情和好运气，丰收；桃子象征实现愿望；金鲤象征吉祥有余，年年有余；富士山象征富贵财运，理想和梦想；龟或者鹤象征健康、长寿；松竹象征平安，生命力旺盛，吉祥安康；竹笋象征事业进步、节节高升；宝船象征着财富、富有；樱花象征着恋爱、运程；浮萍象征着平安、幸福安康；松、梅花象征着吉祥如意、福寿延年。

55 植物也有雌雄之分吗?

是的，植物也分雄雌。首先，在植物的花上，就有雄蕊与雌蕊的区别，只有当二者都存在的时候，植物开的花才会受孕结果，繁殖下一代。雄蕊和雌蕊在同一朵花中时，这种花称为两性花，比如常见的桃花、樱花等。雄蕊和雌蕊不在同一朵花中时，这种花称为单性花，只有雄蕊的称为雄花，只有雌蕊的称为雌花。单性花又分两种，雄花和雌花在同一植株上的，称为雌雄同株，比如松树、玉米等。雄花和雌花不在同一植株上的，称为雌雄异株，这种就是我们常说的有雄树和雌树之分的植物了，比如银杏、桑树等。

栽培雌雄异株植物的时候，要雌树和雄树一起栽培，否则，就会出现只开花不结果的情况。

Part 6 文史常识也玄奥

1 “西方国家”是不是全部都在我国的西方?

我们一说到西方国家,头或嘴总会冲西边方向撇。比划起来也是都指着西边。其实,西方国家并非一个地理概念,更不是方位概念。不过也不能说和地理方位一点渊源也没有。

话说第二次世界大战结束后,世界被美国和苏联两个超级大国操纵,前者的势力范围叫资本主义阵营,后者则叫社会主义阵营。资本主义阵营的国家被称为西方国家,反之则是东方国家。东方和西方,完全是一种政治板块的划分。典型的例子就是当年位于德国的柏林墙,墙的东边叫东德,搞社会主义;西边叫西德,搞资本主义。

近些年来,每年举行一次的“七国首脑经济会议”也被称为“西方七国首脑会议”,这七个国家中除了美、英、法、德、意和加拿大六个欧美国家,还有个东方国家——日本。

2 我国为什么叫“中国”?

“中国”一词出现得很早,在两千多年前的《诗经》里就已经有了,一直沿用至今。

东西南北中,为什么我国叫“中国”而不叫别的?“中”又是什么意思呢?

原来在古代,华夏文明一枝独秀,在黄河流域的中原地区出现了东亚地区率先进入高度文明的民族,还建立了自己的国家。其周边地区的部落当时尚处于原始阶段,所以分别被我们的祖先称为东夷、北狄、西戎、南蛮。我们就是被这些野蛮部落包围在中间的国家。从名称上看，都是对其他落后民族的“蔑称”，意思是说它们还没有开化，就是没有被中原王朝所教化，而它们必须要臣服于“中国”，它们之间发生争执和动乱也由“中国”负责派兵调解。最理想的状况是国内平静，边境安宁，然后出现百鸟朝凤一样的“万国来朝”的盛况。

这一情况增强了民族自豪感也滋生了骄傲心理，所以到了近代，已经高度发展的西方国家到了中国，仍然被斥为“西夷”。

由此可见，“中国”的称谓既代表了光辉灿烂的古代文明，也体现了古人对世界的愚昧认识。

3 连中三元指的是哪“三元”？

我国古代的科举考试制度从隋朝开始，到清朝废止有一千多年的历史。

第一步，书生要参加院试，录取的被称为“秀才”。

第二步，秀才要参加乡试，录取的被称为“举人”，其中第一名称为“解元”。

第三步：举人要参加会试，录取的被称为“贡士”，其中第一名称为“会元”。

第四步：贡士要参加殿试，明清时要来北京赶考，清朝雍正以后，殿试的地点在保和殿，皇帝亲自主持考试。录取的被称为“进士”。其中：鼎甲三元（状元，榜眼和探花），第一名称为“状元”。二甲若干名，赐“进士出身”。三甲若干名，赐“同进士出身”。

连中“三元”即“解元，会元，状元”，皇帝会重用为“大学士”及“殿前行走”。

4 光绪喊慈禧为“亲爸爸”所由何来？

在许多相关的清宫辫子戏中，光绪总喊慈禧太后为“亲爸爸”，许多人认为是满语的叫法，其实不是。满语的母亲称谓是“额娘”，父亲称谓是“阿玛”。“爸爸”是汉语对父亲的昵称，而且光绪还加了一个“亲”字。

光绪这么叫自己的母后，在于慈禧因为“垂帘听政”和“训政”而拥有了太上皇式的男权，光绪以男性称呼来尊称她，是符合这种权力分配的。“亲”字则源于光绪并非慈禧亲生，而是醇亲王之子。这样叫起来“不见外”，好听，对非亲有掩饰之效。当然，一个“亲”字暴露的正是非亲，后来这对母子的“帝后之争”影响了中国历史。

5 到底有没有“楚河汉界”？

楚河汉界是中国象棋棋盘上的“军事分界线”。它源于秦朝末年刘邦项羽之间的楚汉之争，在地理上确实有这个地方。

前 204 年开始，刘项之间开始争夺地盘，在河南荥阳、成皋一带爆发生了激烈的战事。到了第二年，刘邦因为粮草充足，呈上风之势，项羽则因远离江东而补给不足，呈下风。于是项羽要求谈判，表示妥协，提出“中分天下，割鸿沟以西为汉，以东为楚”的建议。刘邦也同意了，于是他们以荥阳东北的广武山为界，东边项羽建造了霸王城，西边刘邦建造了汉王城，两城之间挖掘了一条宽有三百多公尺的大沟，这就是现实中的“楚河汉界”。

6 “压轴”是最后吗？

在大型表演节目中，人们常常会将最后的一个节目称为“压轴戏”，但实际上，压轴的本意并不是人们说的最后一个，而是指倒数第二个节目。压轴本是戏曲术语，指一台折子戏演出的倒数第二个剧目。由于最末一个剧目称大轴而得名。比如，如果一场戏有五出的话，第一出叫做“开锣戏”，第二出叫做“早轴”，第三出叫做“中轴”，第四出（倒数第二）就是“压轴”，第五出（最后一出）则叫做“大轴”。演压轴戏一般都是戏班挂头牌的主要演员。由此可见，“压轴”与“最后”不是一回事。如今很多人误用倒数第二的“压轴”来称（最后），显然是不对的。

7 为什么我们称物件为“东西”？

这样东西那样东西……为什么我们称物件为“东西”，而不称“南北”或别的呢？

原来称物件为“东西”来源于中国古代的“五行”学说。五行与五个方位一一对应，分别是：东木、南火、西金、北水和中土。土太普遍，可以忽略；火和水都是无形而变幻的，只有木和金才是固定的物质。所以古人更重视东木和西金，并且可以用来代表所有有用的物质。基于此，人们便把代表“木”和“金”的两个方位名“东”和“西”结合起来，组成“东西”一词，代表世上一切物件。后来引申开来，也能代表一切或虚或实的事物。

还有一种说法认为，一年四季可以用“春秋”或“寒暑”来代指，产自四方的事物当然也可以用“东西”来简称了。

8 “丑八怪”是哪八怪呢？

人们常常用“丑八怪”来形容外貌丑陋的人。但却很少有人知道，丑八怪到底指的是哪“八怪”。其实，它来源于“扬州八怪”。

扬州八怪指的是趣味相投画风相似的一批人，据李玉棻《瓯钵罗室书画过目考》中的“八怪”为罗聘、李方膺、李鱓、金农、黄慎、郑燮、高翔和汪士慎。此外，各书列名“八怪”的，尚有高凤翰、华嵒、闵贞、边寿民等，说法很不统一，今人取“八”之数，多从李玉棻说。文艺理论家最后把“扬州八怪”归纳为15人。在扬州当地有纪念馆，就立着15人的雕像。其中尤以郑燮、金农、汪士慎更著名。

由于扬州八怪在当时所谓的正统画派眼里一是做人不合时宜、我行我素；二是作画我从我法、推陈出新。而且他们追求的就是自然，就是真实、现实，他们就把一些生活化，平民化的都搬到他们的书画作品之中，甚至把社会的阴暗面揭露出来。这种行为使得统治者的利益受损，篾称他们都是画坛上不入流的“丑八怪”，扬州八怪因此而得名。然而，他们的怪异又入情入理，很被广大百姓喜爱，因此，一方面被主流画家和上层社会所攻击、不容；一方面又深受大众喜爱，名声大振。

9 第一次出现的新鲜事为什么叫做“破天荒”?

“破天荒”表示某个事物首次出现,让人吃惊。比如说,“他今天破天荒地穿了件西装”,意在说明他从来没有穿过西装,或者从来没有以西装的形象出现在别人眼前。

这个词的来源可以追溯到唐朝。当时科举考试已经施行四五十年了,全国只有荆南地区始终没有一个人考中进士,一时被人嘲笑,说荆南地区是“天荒”。唐宣宗大中四年,荆南地区终于有个考生考上了,终于“破”了“天荒”。

10 五福临门有哪五福

日常生活中,经常会听到有人说“五福临门”,却很少有人知道“五福”所指的是哪五种福。

五福最早出自《尚书·洪范》:“一曰寿、二曰富、三曰康宁、四曰攸(修)好德、五曰考终命。”经过后来的演变,五福分别是:长寿、富贵、康宁、好德、善终。长寿是命不夭折而且福寿绵长;富贵是钱财富足而且地位尊贵;康宁是身体健康而且心灵安宁;好德是生性仁善而且宽厚宁静;善终是能预知自己的死期,并且不是因为遭到横祸或病痛而死,而是心里没有挂碍和烦恼,安详自在地离开人间。

五福合起来才算构成了幸福美满的人生。比方说,有的人虽然长寿但身心不得安宁,有的人虽然富贵但却短命,有的人虽然善始善终却一生贫困潦倒,有的人虽然好德但身体却不健康,有的人一生安宁最后却遭遇横祸不得好死……人生境遇变幻莫测。单就五福的变化来说，只有五福全部临门才是十全十美的，其余的各种情况都是美中不足，是有缺陷的福。所以人们常常在对别人祝福的时候，希望“五福临门”。

11 “露马脚”是什么意思？

一个人暴露了自己的缺陷或缺点，我们说他是“露了马脚”。意思大概是说暴露了隐蔽的事实真相。不过，它最初的来源没有这么复杂。

话说朱元璋早年要饭，没什么出息，娶不到好姑娘做老婆，只好娶一个嫁不掉的大脚姑娘马氏。在那年头，女人是必须裹脚的，不裹脚的女人反而是畸形，是嫁不了好人家的，只能终生处于羞愧之中。朱元璋建立大明朝之后，马氏自然也成了皇后。作为帝国的第一夫人，马氏是很不愿意让人知道她有一双“畸形的大脚”的，所以处处防着，从来不把脚伸出裙摆之外。但这防得了一时，防不了一世，在一次坐轿子出游时，帘子被风吹开，脚也从裙摆下露了出来。百姓看见，议论纷纷。这就是历史上著名的“露马脚”事件。

12 为什么说大话叫“吹牛皮”？

古代人渡河，除了船，也使用牛、羊的皮革作筏当摆渡工具。而这种皮筏全靠人鼓着腮帮子给它充气，这不是一般肺活量的人能做到的。对于那些说大话的人，大家就会对他说：有本事你先到河滩上吹吹牛皮再说吧。此后，意思发生了针对性的改变，人们单以“吹牛皮”来代指那些说大话的人。

13 粗心大意为什么叫“马虎”？

传说在宋代，有一个画家被人邀请去画画。刚画了个虎头，主人又说要画一匹马，他只好就着虎头画了马的身体。虎头马身像，按现代绘画来说，这是很有创意的画法。不过当时的人并无此先见。主人于是提问，这到底是老虎啊还是马啊？画家只好语焉不详地回答“马马虎虎”。

主人将这幅画带回家，挂在那里，和家人日日欣赏。后来他的大儿子看到匹马，误认为是老虎，射杀了它，结果被马主人要求赔偿。二儿子有次看到只老虎，误认为是马，上去要骑，结果被老虎活活咬死。从此人们称这位宋朝的“现代派画家”为“马虎先生”，而之后做事不认真、草率而为的人也便被斥为“马虎”了。

14 是“三羊开泰”还是“三阳开泰”？

三阳开泰的说法来自于《易经》。六十四卦中，古人以“泰”卦为正月，泰卦的卦象为“乾下坤上，阳爻有三”。在古人看来，农历十一月冬至白昼最短，黑夜最长，为最阴。之后，白昼逐渐变长，黑夜逐渐变短，也就是阴气消去，阳气增长。于是就有了十一月“一阳生”，十二月“二阳生”，正月“三阳开泰”的说法。

“羊”与“阳”同音，而“羊”在古代被人们认为是吉祥和美好的象征，十二生肖纪年中又有一个羊年，羊年之前是马年，在马年和羊年交替的时候，有“马驰率风，羊致清和”的说法，这样，“三羊开泰”也逐渐流传开来。

不论是“三羊开泰”还是“三阳开泰”，都是用来寓意岁首吉祥的意思，是新年时节人们互相祝福的吉利话，约定俗成，也不必斤斤计较于是“三羊”还是“三阳”了。

15 “青睐”和“白眼”究竟是什么？

某某产品备受青睐，某某人物遭受白眼。“青睐”和“白眼”都是现在使用率极高的词汇，是很通俗的。好玩的是，这两种相对立的态度都是从阮籍那儿来的，体现的却是不俗。

阮籍是“竹林七贤”之一，传说他是“青白眼”，具体就是：对于志同道合的人，他青眼有加；对于讨厌的人，则大翻白眼。人们就是通过他的眼睛来判断他的对人态度。据说他母亲死时，去吊丧的人都遭受了他的白眼，而嵇康带着酒和琴去了，却领受到了青眼。阮籍的不俗恰恰体现在他的青白眼中。

16 写作和修改文章为什么叫“捉刀”和“斧正”？

“捉刀”源于曹操的故事。说匈奴使臣来拜见曹操，曹操认为自己长得不好看，所以叫一个长得好看名叫崔琰的人代替自己接见来使，自己却捉刀站在一侧冒充武士。接见结束后，曹操叫人问匈奴使者：我们家主公风度如何？使者答：你们家主公很英俊，不过我以为捉刀站在他旁边的那位武士是豪杰之士。

当然，“捉刀”的意思由此发生了一定的改变，现在说捉刀，是说代替他人写文章。

表示修改文章的“斧正”，其典故出自《庄子》，更为惊险、生动。说一个人在粉刷时鼻梁上粘到了白泥，洗不掉，只好找人帮忙。后来找到个石匠，只见石匠挥斧砍将下来，鼻子健在，那块白泥被削掉了。其巧妙和不着痕迹大概正是修改文章时的最高境界吧。

17 男左女右是怎么来的？

在我们的日常生活中，男左女右，好像约定俗成地渗透到了我们社会生活的各个方面。上公共厕所，男左女右；戴婚戒，男左女右；另外，还有照结婚玉照，夫妻二人出席某些礼仪场合等等，男的往往在左边，女的往往在右边。如果颠倒了位置，就会有人笑话，说是违反了“男左女右”的习俗。

据传说：中华民族的始祖盘古氏化仙之后，他的身体器官化为日月星辰、四极五岳、江河湖泊及万物生灵。其中，日月二神是盘古氏双眼所化，日神是盘古氏的左眼所化；月神是盘古氏的右眼所化，民间流传的“男左女右”习俗，根源在此。

另外，我国古代哲学家认为，宇宙中通贯事物和人事的两个对立面就是阴阳。自然界的事物有大小、长短、上下、左右等等。古人将其归类分为大、长、上、左为阳，小、短、下、右为阴。阳者刚强，阴者柔弱。人的性格，男子性暴刚强属于阳于左，女子性温柔和属于阴于右。“男左女右”在中医应用上也有实际的科学意义，“男左女右”在医学上是表示男女生理上的差异。中医诊脉，男子取气分脉于左手，女子取血分脉于右手，即使小儿患病观察手纹也取“男左女右”的习惯。这就是“男左女右”的由来。

18 诗歌的量词为什么是“首”？

本来诗歌和文章一样，也可以称“篇”和“章”的，比如《诗经》又称“三百篇”，屈原的组诗《九章》等等。东晋年间，一个名叫孙绰的诗人在《悲哀诗序》中写道“不胜哀号，作诗一首”，自此才普遍用“首”来作为诗歌的量词。

19 为什么初次发表的作品叫“处女作”？

我们知道“处女地”是一个比喻，处女就是第一次性交前的女子，处女地则比喻尚未被人类开垦的土地。“处女作”应该是与此有关的另一个比喻，其实更准确的说法应该叫做“初夜作”。

20 老师为什么“师”前有个“老”字？

在古代，“师”一个字即已表示老师的意思。“老”本来是对年纪的界定,“老师”是指那些年岁已大、德高望重的学者。在口语中,称谓很难使用单独一个字,所以到了后来,人们就把“老”和“师”结合在一起代指“师”,不管你年龄几许,一概统称为“老师”,那些年纪轻轻的“老师”是否会觉得这样的称呼把自己叫老了呢?

21 为什么有学问叫肚子里墨水多?

其实说肚子里墨水多表示有学问,并非最初的意思。北齐时期曾有一条法令,凡是在考试中成绩低劣的人,要罚他喝墨水。喝多喝少,根据他的成绩来定。这个法令到了隋朝还被延续着。也就是说“喝墨水”是一种对文化知识匮乏者的惩罚和羞辱,“喝墨水多” 恰恰表明更没文化知识。现在人认为肚子里墨水多表示此人有文化知识,完全是对原本意义的反用。

22 为什么叫丈夫“老公”?

日常生活中,夫妻之间互相称呼对方为“老公”“老婆”是一种很亲昵的行为,也是大家习以为常的。相传这一称呼最早出现在唐代,至今已有一千多年了,说起来,还有个相当传奇的故事。

唐朝有个名叫麦爱新的读书人,在考取功名后有了要休妻的念头,便写了一副上联“荷败莲残,落叶归根成老藕”来暗示妻子,妻子看后便续了一副下联:“禾黄稻熟,吹糠见米现新粮。”以“禾稻”对“荷莲”,以

"新粮"对"老藕",不仅对得十分工整贴切,新颖通俗,而且,"新粮"与"新娘"谐音,饶有风趣。当麦爱新读了妻子的下联,立刻被妻子的才思敏捷所打动,最后放弃了休妻的念头。妻子见到丈夫回心转意,就又写道:"老公十分公道。"麦爱新也挥笔应和:"老婆一片婆心。"从此,便有了"老公"和"老婆"这两个词。而这个故事也被世代传为佳话。

23 没有老婆的男人为什么叫光棍?

"光棍"指那些没有结过婚也没有后代的男人。曾经有老婆,后来没有的男人一般不会称作"光棍",有儿有女的人也不会被称为"光棍"。中国历来重视子孙的繁衍,有用枝繁叶茂来比喻子孙众多的说法。父母为树干,儿女为枝叶。所以"光棍",就是没有枝叶(子孙)的意思。又因为没有老婆也不可能会有枝叶(子孙)。这样,"光棍"就可以指没有老婆的男人了。

24 《百家姓》中为什么"赵"排第一?

"赵钱孙李,周吴郑王",就算你不会像古人那样背诵《百家姓》,开头两句也是耳熟能详。《百家姓》中一共收录了九百多个姓氏,为什么"赵"在第一呢?

"赵"姓人口就现在看来并不最多,最多的据有关部门调查统计,是"李"姓。之所以"赵"字打头,是因为《百家姓》这本启蒙读物是北宋的一个书生编撰的，宋朝的皇帝姓赵，排名先后完全是出于政治和权势考虑。另如排在第二的“钱”，是因为“钱”是五代十国中吴越国王的姓氏，“孙”为当时国王钱的正妃之姓，“李”则为南唐国王的姓氏。

25 “三姑六婆”都是谁？

或许大多数人都以为三姑六婆就是一家之中的那些女性亲戚。实际上，在古代，三姑六婆是九种女性职业的统称。

“三姑”是：尼姑、道姑、卦姑。“六婆”是：牙婆、媒婆、师婆、虔婆、药婆、稳婆。

尼姑：信奉佛教并出家修行的女性。

道姑：信奉道教并出家修行的女性。

卦姑：专门占卦算命，并以此为生的女性。

牙婆：专门贩卖人口的人口贩子，专为人买卖奴婢、妾侍等。

媒婆：专为人介绍姻亲的女性。

师婆：专门画符施咒、请神问命的巫婆。

虔婆：妓院内的鸨母。

药婆：专门卖安胎药、堕胎药之类药品的女人。

稳婆：专门接生的接生婆，如果发现女尸，也会由稳婆负责验查是否被人先奸后杀。

六婆算是各有分工，但在旧时，有的人可以身兼数“婆”。

26 为什么没有出嫁的女孩叫“黄花闺女”？

大家一定奇怪，“黄花”是指的什么花。实际上，所谓的“黄花”，并不是指的花，而是指古代女性额前的一种装饰，又称“花黄”。那时的女性喜欢用黄色的粉在额头画出一些花鸟妆饰，或用金黄色的纸剪成花鸟的形状贴在额头。《木兰辞》中“当窗理云鬓，对镜贴花黄”说的就是这个。

相传，南北朝刘宋时期，宋武帝的女儿寿阳公主有一次在含章殿檐下午睡，一朵梅花恰巧落在她的额头上。梅花浸染，在她的额头上形成了梅花的形状，一下子还洗不掉，但是让人觉得很好看。此后寿阳公主就常常将梅花贴在额前了。宫女们见了，也纷纷仿效，并传到了宫外，逐渐发展成了“贴花黄”的习俗。由于这种妆饰多在未婚女孩子中流行，渐渐地，“黄花闺女”就成了未婚女孩的代名词。

27 猪八戒有哪八戒？

《西游记》里的猪八戒是个家喻户晓的人物，但大家知道他的“八戒”是哪八戒吗？

按《西游记》的说法，是因为他断了“五荤三厌”，所以唐三藏才给他取名“八戒”。

五荤三厌，是宗教戒条，指信徒不准食用的食物。五荤，就是五辛，指五种辛味蔬菜。包括大蒜、小葱、韭与渠（形似萝卜味如蒜）。三厌，是三种动物，包括雁、狗、乌龟。不过这五荤三厌是佛道两教的混合物，五荤是佛教里的，而三厌则是道教里的。

至于佛教的“八戒”却另有所指，指佛教为在家的男女教徒制定的八项戒条。一戒杀生，二戒偷盗，三戒淫，四戒妄语，五戒饮酒，六戒着香华，七戒坐卧高广大床，八戒非时食。这八种中，前七种为戒，后一种为斋，总称八戒斋。

28 为什么都说“打官司”？

打官司通俗意义是指原告与被告之间的诉讼，而不是在庭上打架决斗，可为什么要说“打”官司呢？

古时候，官员往往都是先入为主认定嫌犯是有罪的，在公堂之上就想的是如何让他认罪，最简单快捷的方法当然就是大刑伺候，先“打二十大板”再说，当时有“人进衙门一通打”的说法。清代文人程世爵所编的《笑林广记》里，也有：官大人升堂。无是非，无曲直，就说：“打就可以了。”无天理，无人情，就说：“痛打就可以了。”所以，自古，民间老百姓就不说“审官司”，而是说“打官司”。

29 古代官员上任也有试用期吗？

生活在当今社会的我们，对工作中的试用期早就习以为常了。其实，早在春秋战国时期，就开始对官员进行试用了。据《战国策》记载：吕不韦被罢免相国回到封地，他的党羽司马空逃往赵国，赵王就让他试用相国。秦朝统一六国以后，试用就全面推广，当时称“试守一岁”，即试用一年，一年之后，称职的才开始正式担任该官职，不称职的就会罢回原职或撤职。

30 你了解中国公民身份证号码的含义吗?

我国的身份证号码有15位与18位两种。15位身份证号看第15位,奇数为男,偶数为女。18位身份证号是看第17位,也是奇数为男,偶数为女。

15位的身份证号码各位的含义:1~6位为地区代码,7~8位为出生年份,9~10位为出生月份,11~12位为出生日期,13~15位为顺序号。

18位身份证号码各位的含义:1~2位为省、自治区、直辖市代码;3~4位为地级市、盟、自治州代码;5~6位为县、县级市、区代码;7~14位为出生年月日,15~17位为顺序号,18位为校验码,0~9和X。作为尾号的校验码,是由号码编制单位按统一的公式计算出来的,如果某人的尾号是0~9,都不会出现X,但如果尾号是10,那么就得用X来代替,因为如果用10做尾号,那么此人的身份证就变成了19位。而19位的号码违反了国家标准,并且我国的计算机应用系统也不承认19位的身份证号码。X是罗马数字的10,用X来代替10,可以保证公民的身份证符合国家标准。

31 "拍马屁"是怎么来的?

"拍马屁的"的来源有多种说法。一说蒙古族的一般百姓人家都会拥有几匹马,以解决行路、运输等问题,牧民们常以养得骏马为荣。有时人们牵着马相遇时,常要拍拍对方马的屁股,摸摸马膘如何,并附带随口夸上几声"好马",以博得马主人的欢心。起初,人们实事求是,好马说好,可是相沿很久以后,有的人不管别人的马好坏、强弱,都一味地只说奉承话，把劣马也说成是好马了。

另一说，蒙古是马上得天下的民族，所以元朝的官员大多是武将出身，马往往是一个将领权力、身份、地位的象征，下级对上司最好的赞美，就是拍拍他的马、夸他的马好。逐渐人们就把对上司的奉承称为“拍马”。这是因为夸赞的话是不一样的，而拍马的动作是一样的。这就是“拍马屁”的由来。

还有传说明朝天启年间，太监魏忠贤刚开始还不被重用。在一次赛马比赛中，别人都用马鞭抽打，但见魏忠贤只轻轻拍了马屁股几下，他的马就腾飞而起，超过了所有人，获得了金奖。事后皇帝问魏忠贤原委，后者就说，对待马不能使用暴力，而应该理解它，识其性情，所以只要“拍拍马屁股”就足够了。这其实是魏忠贤的科学认知，很了不起的见识。不过后来他因此而青云直上，成了祸国殃民的阉党魁首。人们憎恨他，便用他的“拍马屁”来讽刺他的钻营之心。

32 “东道主”的来源是什么？

大家都知道“东道主”代指主人的意思，也经常在各种媒体、场合看到。那么它是怎么来的呢？

相传鲁僖公三十年（前 630 年）九月十三日，晋文公和秦穆公的联军包围了郑国国都。郑文公在走投无路的情况下，只得向老臣烛之武请教，设法解围。当夜，烛之武乘着天黑叫人用粗绳子把他从城头上吊下去，私下会见秦穆公。

晋国和秦国是两个大国，他们之间本不和谐，常常明争暗斗。烛之武巧妙地利用他们的矛盾，对秦穆公说："秦晋联军攻打郑国，郑国怕是保不住了。但郑国灭亡了，对贵国也许并无一点好处。因为从地理位置上讲，秦国和咱郑国之间隔着一个晋国，贵国要越过晋国来控制郑国，恐怕是难以做到的吧？到头来得到好处的还是晋国。晋国的实力增加一分，就是秦国的实力相应地削弱一分啊！"秦穆公觉得烛之武说得有理。

烛之武又进一步说："要是你能把郑国留下，让他作为你们东方道路的主人。你们使者来往经过郑国，万一缺少点什么，郑国一定供应，做好充分的安排，这有什么不好？"

秦穆公终于被说服了，他单方面跟郑国签订了和约，晋文公无奈，也只得退兵了。秦国在西，郑国在东，所以郑国对秦国来说自称"东道主"。后来，它泛指招待迎接客人的主人。

33 为什么称兄长为"哥哥"？

"哥"其实是"歌"的本字，在晋代以前的文献中常常出现。当时，"哥"与"兄"并没有关联。

古代汉语专家王力先生曾经指出：汉语中"哥哥"一词可能是外来语。据学者研究，哥哥的来历恐怕与胡语有关：古代的鲜卑族把兄长唤作"阿干"，这个称呼至今在西北地区还可以寻觅到痕迹。随着鲜卑族西迁与汉族相互融合，鲜卑语中的"阿干"一词被汉语谐音借用，逐渐演变为"阿哥"，并最终定格为"哥哥"。

34 为什么说“不管三七二十一”？

人们对那些不论这那、不管环境怎样、不考虑后果如何，执意去做的情形，都称之为“不管三七二十一”。按说，三七二十一不过是乘法的计算口诀，可是人们为什么不说三六一十八或其他的数字，而专说三七二十一呢？

相传，战国时期，苏秦主张合纵抗秦，张仪主张连横事秦。一次，苏秦到了齐国都城临淄，见到了齐宣王，对他进行游说抗秦。齐宣王谈到齐国的兵力不足时，苏秦说，都城临淄有七万户，我私自计算了一下，每户按三个男子服役，这就是三七二十一万兵，抗秦的兵源，用不着再往别处征兵，仅临淄一城，就绰绰有余了。

苏秦的这个算法，显然不切合实际情况，全城不可能达到每户都出三个男子当兵，因为这里面有鳏夫、寡妇，有的是只有女孩没有男儿，即使男子，也不一定都能从军，因为还有老、幼、病、残在内。

后来，人们就把三七二十一作为讥喻的贬义词来相传，并且在含义上有所扩展，成了不问是非情由、不分青红皂白，蛮干、愣头青的同义俗语而应用在社会生活方面了。

35 古人可以离婚吗？

相信很多人都知道古人休妻的事。但是要注意，休妻和离婚是有分别的。休妻是男方占据主动，体现了男尊女卑的思想；而离婚则是男女双方平等的。

我国古代允许夫妻双方合法解除婚姻关系，最早称为“绝婚”，此后，又有“离异”、“离弃”、“休妻”、“出妻”等叫法，叫法不同，性质一样。“出妻”又叫“七出”、“七弃”、“七去”。《大戴礼记》记载：“妇有七去：不顺父母去，无子去，淫去，妒去，有恶疾者去，多言去，盗窃去。”这就是，丈夫可以根据这七条理由休妻。但是身为妻子，也不是就那么任人摆布的，她们也可以有“三不去”，《大戴礼记》记载：“妇有三不去：有所取无所归不去，与更三年丧不去，前贫贱后富贵不去。”这也可以看出，古时候的女人嫁鸡随鸡，嫁狗随狗，连婚姻也是不能完全保障的。

除此之外，夫妻之间轻易断绝，不能再继续共同生活下去，还可以以“义绝”为由请求官府判决强制离婚。这虽然有些强制性，但毕竟进步了不少。

最好的情况则是“和离”。“和离”是两厢情愿的，只要夫妻双方感情不和，共同商议解除婚姻关系就可以，真是好合好散。这有点类似于现代的协议离婚了。